Helga Anton

Lass das Sorgen: Bete!

Helga Anton

Lass das Sorgen: Bete!

Gott hilft auch in den täglichen Nöten

Brunnen Verlag · Basel und Gießen

ABCteam-Bücher erscheinen in folgenden Verlagen:

Aussaat Verlag Neukirchen-Vluyn
R. Brockhaus Verlag Wuppertal
Brunnen Verlag Basel und Gießen
Christliches Verlagshaus Stuttgart
Oncken Verlag Wuppertal und Kassel

Die Bibelzitate sind weitgehend der Lutherbibel (1984) entnommen.

Die Deutsche Bibliothek – CIP-Einheitsaufnahme

Anton, Helga:
Lass das Sorgen: Bete!: Gott hilft auch in den täglichen Nöten / Helga Anton. – Basel : Brunnen-Verl., 2002
ISBN 3-7655-3725-X

4. Auflage 2005

Umschlag: Michael Basler, Lörrach
Bild: Corbis Stock Market, Düsseldorf
Satz: Bertschi & Messmer AG, Basel
Druck: Ebner & Spiegel, Ulm
Printed in Germany

ISBN 3-7655-3725-X

Inhalt

Jesus weiß um unsere alltäglichen Sorgen!

«Was soll ich nur tun? Hilf mir, Helga! Was soll ich denn bloß tun?» Das fragte mich an einem Wochenende eine vertraute Freundin am Telefon. Auf meine erstaunte Rückfrage, um was es denn gehe, erzählte sie, dass ihr Mann – ein viel beschäftigter Chef eines Konzerns – sich endlich einmal habe drei Tage frei nehmen können. Sie wollten Kurzurlaub in den Bergen machen und einmal so richtig ausspannen.

«Und nun, stell dir vor, bekamen wir heute eine Mitteilung von den Stadtwerken, dass am Mittwochmorgen, gerade wenn wir wegfahren wollen, Handwerker kommen werden, um eine neue Wasserleitung zu legen. Dazu werden sie mit einem großen Bagger die Straße und auch unseren Garten ausheben und dann ins Haus hinein den Wasseranschluss legen. Was sagst du denn dazu? Da kann ich doch nicht wegfahren. Und dabei braucht Gerd [ihr Mann] so dringend ein paar Tage Erholung. Ich kann doch meiner Mutter, sie ist 86 Jahre alt und wird das Haus hüten, nicht diese ganzen Umstände zumuten. Sag mir, was soll ich nur tun?»

Sie war völlig ratlos und unentschlossen. Sie wusste wirklich nicht, wie sie sich in dieser Situation entscheiden sollte.

«Lass uns doch darum beten, dass der Bagger nicht kommt», schlug ich ihr vor. «Jesus weiß um deine Sorgen, und er allein kann eingreifen.»

Lachen am anderen Ende der Leitung.

«Na, du bist gut. Um so etwas kann man doch nicht beten», meinte sie.

«Und warum nicht?» fragte ich zurück. «Jesus weiß doch, wie dir zumute ist. Er alleine kann helfen, also lass uns beten.»

Und wir breiteten im Gebet diese ganze Not vor Jesus aus, die Sorge um die Mutter, der man diese Belastung doch kaum zumuten konnte, und auch die Enttäuschung, vielleicht nicht mit in den Kurzurlaub fahren zu können. Und wir baten Jesus einzugreifen.

«Du, Herr, hast doch Möglichkeiten zu verhindern, dass der Bagger überhaupt kommt. Dir ist es doch ein Kleines, die Zeit dieses Baubeginns hinauszuzögern. Herr, wir vertrauen auf dich. Bitte, greife du ein.»

So etwa beteten wir, und ich war ganz sicher, der Herr würde handeln. Und so dankten wir ihm schon jetzt für das, was er tun würde.

Am Donnerstag riefen mich meine Freunde aus den Bergen an. Sie waren also doch gefahren, und lachend berichteten sie:

«Stell dir vor, was geschehen ist ...»

Sie hatten gerade mit der Mutter, die das Haus hütete, telefoniert und erfahren: Am Morgen zur verabredeten Zeit waren die Handwerker erschienen – aber ohne Bagger. Sie gaben der alten Dame nur Bescheid: Nein, der Bagger werde heute nicht kommen. Die Arbeiten könnten noch nicht anfangen, denn der Lastwagen, der die Erde abtransportieren solle, sei kaputt. Sie würden also erst am Montag mit dem Ausschachten beginnen können.

Wir waren alle perplex vor lauter Staunen. Und voller Freude konnten wir unserem Herrn nur danken, dass er auf so wunderbare Weise eingegriffen und unser Gebet erhört hat. Ja, er kümmert sich wirklich um die kleinsten Dinge und sorgt für die Seinen so, wie es ihnen zum Besten dient.

Ich freue mich immer wieder, wie viel Humor unser Herr doch hat. Meine Freundin hat diesen Kurzurlaub wirklich ungetrübt genießen können. Dank sei Gott dafür.

Vielleicht haben Sie ja auch gedacht, dass man um *so etwas* doch nicht beten kann. Aber ich frage Sie trotzdem: Beten Sie für die Schwierigkeiten, mit denen Sie im alltäglichen Leben immer wieder so ganz plötzlich konfrontiert werden? Oder meinen Sie, das könne und dürfe man nicht tun?

Mir sagte vor kurzem eine Freundin:

«Weißt du, hier bei euch habe ich es erst gelernt, auch für die kleinen Dinge zu beten. Bisher hatte ich mich nie getraut. Ich wollte doch diesen großen Gott nicht mit solchen Kleinigkeiten bedrängen. Nein, ich war der festen Meinung, ich würde meine Entscheidungen auch allein treffen können.»

Aber ist es nicht häufig so, dass auch kleine Sorgen in dem Moment, in dem sie uns bedrücken und unsere Gedanken gefangen nehmen, groß erscheinen und wie unüberwindliche Berge vor uns stehen und uns in unserer Handlungsfähigkeit stark einengen können? Ja, wir beten um diese kleinen Dinge, weil wir erkannt haben: Gott hat alles, aber auch alles in seiner Hand – das Kleine und auch das Große. Und ohne ihn sind wir hoffnungslos verloren. Da erstarren wir in unserer Not und sind oft kaum mehr lebensfähig.

Aber überlegen Sie bitte einmal, ob es irgendeine Situation gibt, in der unser Herr sagen würde:

«Ach, das ist mir zu klein, das mach du mal selbst. Darum kann ich mich jetzt nicht kümmern.»

Haben Sie das auch nur ein einziges Mal erlebt? Bestimmt nicht. Es sei denn, Sie haben ihn gar nicht erst gefragt und meinen, mit Ihren Schwierigkeiten allein fertig werden zu können.

Jesus lässt uns nicht im Stich. Sein Liebes- und Hilfsangebot gilt immer. Wir müssen ihn nur fragen und ihm voll und ganz vertrauen. Oder haben Sie einmal erlebt, dass Gott irgendetwas zu groß ist? Oder dass er sagen würde: «Dafür bin ich nicht zuständig. Sieh zu, wie du damit fertig wirst»?

Doch wenn ich davon ausgehe, dass Jesus in mir lebt – wie es in Galater 2,20 steht: «Ich lebe, doch nun nicht ich, sondern Christus lebt in mir» –, dann weiß ich: Er ist da.

Ja, ich bin gewiss, er lässt mich nicht, er weiß einen Weg. Er allein. Würde sonst in 1. Petrus 5,7 stehen: «Alle eure Sorge werft auf ihn; denn er sorgt für euch»?

Alle, heißt es.

Hätte ich das nur gewusst, damals, im August 1944, als die Post von meinem Mann ausblieb und ich von den Sorgen hin und her gerissen wurde und nicht wusste, wohin ich in meiner Not sollte, weil ich Jesus da noch nicht kannte.

Irgendwann kam mit der Post ein zusammengefalteter Zettel, der die Botschaft brachte: «Vermisst.» Kaum so groß wie eine Postkarte – und entschied doch über ein Schicksal. Ich weiß, was es heißt, so etwas selbst verarbeiten zu wollen. Das können wir nicht. Das geht nicht. Die Last bleibt. Ich habe weiter an meinen Mann geschrieben, geschrieben, geschrieben. Monatelang. Jeden Tag. Und alle Briefe kamen zurück. Aber was sollte ich tun? Wo hätte ich Hilfe finden können? Stundenlang habe ich über den Landkarten gesessen, Fluchtwege für ihn gesucht, Auswege aus dieser Situation zu finden gehofft. Ich hier in Deutschland, in meinem kleinen Heimatort, hoffte, für meinen Mann Lösungen zu finden. Irre ist so etwas, und doch brauchte ich es. Und mein Vater saß mit unendlicher Geduld neben mir und hat mir zugehört und mit mir geplant, hat dieses Wahnsinnsspiel mitgespielt, das für mich in dieser Situation todernst, ja, lebensnotwendig war.

Vermisst heißt ja nicht: tot. Es heißt: Ungewissheit, unentschieden.

Glauben Sie mir, ich weiß, was es heißt, nicht zu wissen, wohin man mit seinen Sorgen gehen kann. Wie habe ich gekämpft, und doch bin ich nicht frei geworden. Alles ging ins Leere hinein. Ich suchte, ich forschte nach der Wahrheit. Ich fand sie nicht, ich blieb im Ungewissen. Lange Jahre hindurch. Erst nach einem völligen Zusammenbruch fand ich sie. Nur einer ist die Wahrheit: Jesus, wie es in Johannes 14,6 steht.

Da fand ich endlich Frieden. Da fand ich endlich Ruhe und Klarheit – in ihm. Und Jesus allein weiß die Wahrheit in allen Dingen. Und nur er trägt uns hindurch. Ohne ihn schwimmen wir doch nur. Aber mit ihm und in ihm stehen wir auf seinem festen Grund. Was ist das für eine unendliche Gnade unseres großen Gottes!

Das wurde mir erneut zur Gewissheit, als ich wieder einmal im Zug nach Hamburg saß. Hinter mir lagen sechs Wochen Sommerferien, in denen ich nicht mit der Bahn gefahren war. Aber nun wollte ich meine Tätigkeit in Hamburg wieder aufnehmen. Doch während der Fahrt fiel mir siedend heiß ein, dass ich ja meine Karte mit der gültigen Wertmarke gar nicht ausgetauscht hatte. Die Karte, die ab August galt, lag also bei mir zu Hause, und meine alte war mit dem Monat Juli abgelaufen. Jetzt aber schrieben wir schon den 19. August. Dabei brauchte ich diese Wertmarke unbedingt in Verbindung mit meinem Behindertenausweis, da ich auf Grund meiner Blindheit die Bahn im Umkreis von fünfzig Kilometern kostenlos benutzen darf. Der Schreck fuhr mir mächtig in die Glieder. Da konnte ich nur beten:

«Hilf mir bitte, Herr, dass ich nicht noch die Fahrkarte nachlösen und womöglich noch ein Bußgeld zahlen muss. Hilf mir bitte. Du alleine weißt doch einen Ausweg. Du weißt, ich besitze ja die neue Karte, nur habe ich vergessen, sie auszutauschen. Bitte, Herr, hilf.»

Da kam auch schon die Schaffnerin. Ich holte aus meiner Brieftasche den Behindertenausweis und wollte gerade die näheren Umstände dazu erklären, da winkte sie ab:

«Lassen Sie nur, ist gut, in Ordnung.»

Und sie ging weiter. Sie wollte meine Papiere gar nicht sehen. Sie ging einfach weg. Sie hat nicht nach der Karte mit der Wertmarke gefragt. Ich war sprachlos. Das war das erste Mal seit anderthalb

Jahren. Obgleich ich jeden Mittwoch außerhalb der Ferien nach Hamburg gefahren bin und immer die Karte mit der Wertmarke habe vorzeigen müssen. Dies war wirklich das einzige Mal, dass sie nicht kontrolliert wurde. Ich brauchte also keine Strafe zu bezahlen. So hat mich unser Herr geschützt und bewahrt.

Was glauben Sie, mit welch dankbarem Herzen ich unseren Herrn gelobt und gepriesen habe. Er hatte mein Gebet wahrhaft erhört. Früher hätte ich vielleicht gesagt:

«Da habe ich aber wieder mal Glück gehabt.»

Aber nein, heute weiß ich ganz gewiss, er ist da, er lässt uns nicht im Stich, er hilft und sorgt für uns. Dank sei ihm.

Ich frage Sie, sollte unserem großen Gott irgendetwas unmöglich sein? Oder trauen Sie ihm, genau wie ich heute, alles zu?

Er kann alles, er weiß Rat, auch in den schwierigsten Situationen.

Eines Tages berichtete mein Sohn freudestrahlend:

«Mutti, denk dir nur, ich habe auf einer Auktion ein wunderschönes Schlafzimmer erstanden. Es ist fast neu, du wirst dich freuen. Ein großes Doppelbett, zwei Nachttischschränke, zwei Kommoden und ein wunderschöner Kleiderschrank. Das ist doch ideal als Gästezimmer im ersten Stock.»

«Ja, hast du denn auch ausgemessen, ob der Schrank in das Zimmer hineinpasst?» fragte ich etwas beklommen.

«Nein, nein», beruhigte er mich, «der wird schon passen, es ist ja eine normale Größe. Ich rufe dich an, wenn ich einen Wagen habe und es dir bringen werde.»

Damit war er auch schon weg. Etwas beunruhigt ging ich später mit einem Zollstock in das in Frage kommende Zimmer, um die Wand auszumessen. Drei Wände hatten, durch die Dachschräge bedingt, nur eine eingeschränkte Stellfläche. Und die vierte, die einzig gerade Wand, bot auch nur Raum für einen Schrank von 2,40 m Breite, da in der Verlängerung noch eine Tür und ein Schornstein waren. Mir wurde Angst und Bange. Was sollten wir nur tun, wenn der Schrank größer wäre? Da konnte ich nur beten.

«Herr, bitte hilf du! Lass den Schrank doch passen, ich weiß sonst wirklich keine Lösung dieses Problems. Bitte, Herr, hilf.»

Eines Abends, es war schon sehr spät, kam ein Anruf von meinem Sohn:

«Mutti, morgen früh um acht Uhr sind wir mit dem Wagen und dem Schlafzimmer da. Kannst du bitte noch einen Mann bestellen, der beim Aufbauen hilft?»

«Na, du bist vielleicht gut, wo soll ich so spät am Abend noch jemanden herbekommen?»

Ich dachte nur:

«Oh Herr, was für eine Situation. Bitte hilf.»

Während des Gebets stand mir plötzlich ein guter Bekannter vor Augen. Er ist Bestattungsunternehmer, und ich wagte ihn noch anzurufen und ihn zu bitten, ob er mir am nächsten Morgen um acht Uhr einen seiner Leute als Hilfe schicken würde. Er war sofort bereit dazu. Können Sie sich vorstellen, was für ein Dankgebet ich zum Herrn schickte?

Am nächsten Morgen, pünktlich um acht Uhr, waren alle bei mir versammelt. Nun kam der spannende Augenblick.

«Bitte legt doch als Erstes einmal die Bodenplatte des Schranks hin, damit wir überhaupt wissen, ob er dahin passt.»

Und es stellte sich heraus: Das Drama war perfekt. Der Schrank war 3,30 m breit. Hilflos, ratlos standen wir da. Ich konnte nur beten:

«Herr, bitte zeige eine Lösung. Nur du weißt, wie man einen so großen Schrank auf einer so kleinen Fläche unterbringen kann. Bitte, Herr, greif ein.»

Doch mein Sohn fasste sich und ergriff die Initiative.

«Lasst uns erst einmal frühstücken.»

Während sich die Männer die Brötchen und den Kaffee schmecken ließen, betete ich weiter:

«Bitte, Herr, zeige, wie diese Situation gemeistert werden kann.»

Da rief mein Sohn plötzlich:

«Ich hab's!»

Alle schauten erstaunt auf. Was nun wohl kommen würde? Denn teilen konnte man den Schrank nicht, er hatte Schiebetüren, und das Gestänge ging über die ganze Breite.

Da erklärte mein Sohn es uns auch schon:

«Wir werden beim letzten Drittel des Schranks die Rückwand herausnehmen, die Zimmertür aushängen und die Rückwand des Schranks genau vor die Türöffnung stellen, so dass man durch den Schrank ins Zimmer gehen kann. Dann ist eben die Schiebetür die Zimmertür. Ganz einfach, so wird es gemacht.»

Er freute sich wie ein kleines Kind. Gesagt, getan, alles passte großartig. Die offene Rückwand des Schranks passte genau vor den Türrahmen, die Schranktür ließ sich von innen und außen betätigen. Das war wieder einmal Maßarbeit unseres Herrn. Schnell wurde diese Lösung zur Attraktion meines Hauses. «Bei Helga muss man durch den Schrank gehen, um ins Gästeschlafzimmer zu kommen!» Das war nun wirklich einmalig. Wie ein Lauffeuer ging diese Nachricht durch meine Gruppen, und etliche kamen, um diese Tatsache lachend und staunend selbst auszuprobieren.

Irgendwann kam dann Thomas aus der Schweiz als Praktikant in unsere Gemeinde. Während der neun Wochen sollte er bei mir wohnen. Als er durch den Schrank das Zimmer betrat, ließ er lachend seine Sachen fallen, warf die Arme hoch und jubelte:

«Hier bin ich richtig, hier muss man durch den Schrank ins Zimmer gehen, hier bleibe ich.»

Das war genau das Richtige für ihn. Schnell entwickelte sich eine Freundschaft zwischen uns, die noch heute besteht.

Ja, so sorgt der Herr für uns. Er weiß Rat und hat immer eine gute Lösung für uns bereit. Dank sei ihm dafür.

Es ist doch so spannend, sein Eingreifen bei den ganz gewöhnlichen Dingen, die uns jeden Tag begegnen können, zu erleben. Gerade das macht doch das Leben mit unserem Herrn so leicht und unbeschwert. Wenn auch unsere Mitmenschen nicht selten mit Kopfschütteln reagieren, wenn wir zum Beispiel um einen Parkplatz beten. Ich hoffe, Sie tun das auch. Dazu möchte ich Ihnen eine hübsche kleine Geschichte erzählen, die wir kürzlich in der Schweiz erlebt haben.

Wir waren in einer größeren Stadt. Es war Mittag, zwölf Uhr, reger Verkehr in den Straßen und alle Parkplätze waren besetzt. Also beteten wir:

«Herr, bitte schenk uns einen Parkplatz. Bitte, Herr, wir brauchen ihn so dringend. Bitte hilf.»

Da sahen wir zwei Männer in einem parkenden Auto sitzen. Unser Fahrer, ein Buchhändler, ging hin, und voller Spannung hörten wir folgenden Dialog:

«Wollen Sie wegfahren?»

«Das überlegen wir noch.»

«Aber wir brauchen so dringend einen Parkplatz.»

«Was kriegen wir dafür?»

Unser Buchhändler überlegte nur ganz kurz und rief dann spontan:

«Ein Buch!»

Da starteten sie doch tatsächlich den Wagen, die Rücklichter leuchteten auf, und sie machten uns Platz. Schnell sprang einer von uns aus dem Auto mit meinem Buch *Beten wirkt Wunder* – denn das hatten wir ja gerade erlebt! – und drückte es dem anderen Fahrer in die Hand. Damit hatten die beiden sicherlich nicht gerechnet. Möge es ihnen zum Segen werden.

Freude und Lachen war auf beiden Seiten. So wunderbar hatte Gott das Gebet erhört. Und wir konnten fröhlich unserem Dienst nachgehen.

Es überrascht mich immer wieder, wie der Herr durch dieses besagte Buch und auch durch die nachfolgenden Bücher wirkt. Dabei hatte ich wirklich nie die Absicht, einmal über all die Wunder, die wir durch unseren Herrn erleben, zu schreiben. Deshalb war ich natürlich sehr erstaunt, als mich seinerzeit der Chef des Brunnen Verlags Basel anrief und mich bat, über unsere Gebetserhörungen und die sonstigen Erlebnisse und Erfahrungen mit Gott in einem Buch zu berichten.

«Aber nein», wehrte ich ab, «das kann ich doch gar nicht. Wer bin ich denn? Außerdem bin ich blind.»

Damit war für mich die Angelegenheit erledigt.

Doch schon am nächsten Tag hielt ich einen Brief von ihm in den Händen, in dem er mich ermunterte, den Ball, den er mir zugeworfen hatte, doch noch aufzufangen. Nun, Sie sehen, was daraus entstanden ist. Und ich kann Ihnen gar nicht sagen, wie dankbar ich bin, dass durch diese kleinen Büchlein die rettende Botschaft unseres Herrn so viele Menschen erreicht, sie zum Nachdenken über ihre eigene Situation bringt und damit die Fragen aufwirft: «Wohin gehöre ich eigentlich? Wie steht es um meine Gottesbeziehung? Habe ich wirklich die Heilsgewissheit?»

Bald nach dem Erscheinen des ersten Buches – *Beten wirkt Wunder* – rief mich Frau Z. aus Berlin an.

«Ich habe Ihr Buch bereits zum zweiten Mal durchgelesen, ohne Unterbrechung. Ich kann es gar nicht aus der Hand legen. Und ich habe begriffen, dass es nur auf meine persönliche Beziehung zu Jesus Christus ankommt. Das ist das Wichtigste in diesem Leben, und ich habe für mich selbst das Lebensübergabegebet, das am Ende des Buches steht, schon mehrfach gebetet und habe sehr klar erkannt: Ich brauche nur Jesus. Ihm allein will ich vertrauen. Ja, ich habe mein Leben ganz in seine Hand gegeben.»

Ich war so dankbar, als sie mir das erzählte, und am Telefon haben wir gemeinsam diese Lebensübergabe noch einmal ganz konkret vollzogen. Danach habe ich sie im Namen Jesu gesegnet und durfte ihr zusprechen:

«Sie sind jetzt ein geliebtes Kind Gottes und errettet für Zeit und Ewigkeit. Das alte Leben ist mit Jesus in den Tod gegeben, und das neue Leben, das Auferstehungsleben, hat er Ihnen geschenkt. So gilt auch für Sie die Verheißung: ‹Niemand wird sie aus meiner Hand reißen›» (Johannes 10,28b).

Sie war überglücklich.

«Ja, ich brauche nur Jesus, mehr will ich nicht. Er ist mein Herr.» Und sie fügte hinzu:

«Ich habe zwar immer gebetet, und doch habe ich nie erkannt, was das heißt. Welche Gnade ist es, mit diesem großen Gott in so enge Verbindung treten zu dürfen.»

Und tief bewegt konnten wir diesen Gott nun gemeinsam loben und ihm danken. Er hat uns ja sogar zugesagt:

Psalm 50,15: «Rufe mich an in der Not, so will ich dich erretten, und du sollst mich preisen.»

Ja, er hört unsere Gebete.

Das durfte auch Frau L. vor einigen Monaten ganz neu erfahren.

Ihre Tochter Gundel erwartete das erste Kind. Sie hatte ihre Mutter schon oft bedrängt, zur Geburt mit in das Krankenhaus zu kommen, aber Frau L. hatte immer abgewehrt.

«Das ist doch nun wirklich Sache deines Mannes.»

Als es jedoch am siebten April endlich so weit war, begleiteten dann doch beide, Ehegatte und

Mutter, Gundel zur Entbindung, während ich hier zu Hause betete und die ganzen Umstände der Geburt in Jesu Hände legte. Normalerweise wäre ich an diesem Tag gar nicht hier gewesen, sondern hätte eine Gruppe in einem achtzig Kilometer entfernten Ort leiten sollen. Doch weil mich ein fiebriger Infekt erwischt hatte, riet mir meine Ärztin, nicht zu fahren. Daher konnte ich diesen Gebetsdienst für die Geburt hier zu Hause gut übernehmen. Die Stunden vergingen. Ich war schon leicht beunruhigt.

Sollte die Entbindung etwa so lange dauern?

Da kam ein Hilferuf aus dem Krankenhaus.

«Bitte setzen Sie schnell die Gebetskette in Gang. Es ist eine ganz schwere Geburt. Das Kind will und will nicht kommen. Es steckt einfach im Geburtskanal fest. Bitte beten Sie!»

Frau L. war völlig verzweifelt. Sie weinte und schluchzte und schrie selbst in ihrem Herzen immer zum Herrn. Ja, jetzt waren mehr Beter gefordert.

Ich rief also sofort die Nächste der Gebetskette an, gab das Anliegen durch, diese wiederum rief die Dritte an, und so waren ganz schnell zehn Beter im Einsatz. Endlich kam ein weiterer Anruf. Voller Schrecken, voller Angst:

«Das Kind ist geboren, doch es ist kreidebleich, ganz weiß, wie leblos.»

Es hatte die Nabelschnur um den Hals und um den Fuß geschlungen gehabt und drohte sich damit fast selbst zu erdrosseln.

Da war die bange Frage der jungen Mutter:

«Warum schreit mein Kind nicht?»

Es war wie tot. Nichts regte sich. Das Köpfchen hing schlaff herunter. Dem Herrn sei Dank, dass plötzlich mehrere Ärzte zugegen waren. Das Kind kam sofort auf die Intensivstation und wurde künstlich beatmet.

«Beten Sie weiter, bitte, beten Sie weiter, dass es am Leben bleibt.»

Die jungen Eltern und Frau L. waren völlig erschöpft und am Ende ihrer Kraft. Und das Wunder geschah. Während die Ärzte sich noch um das Leben des Kindes bemühten, griff unser Herr ein und erfüllte das Kind mit neuer Lebenskraft.

Ich weiß nicht, ob Ihnen bekannt ist, dass bei einer Geburt der Zustand des neugeborenen Kindes in einer Tabelle bewertet wird. Zum Beispiel Atmung, Herztätigkeit, Aussehen, Durchblutung usw. Wenn also ein gesundes Kind zur Welt kommt, kann es unter optimalen Bedingungen zehn Punkte erreichen. Dieses Kind hatte gerade mal einen Punkt. Ja, das Herz schlug noch, aber das war auch schon alles. Und wir beteten weiter.

«Herr, du hast gesagt, uns wird nichts mangeln. Bitte, gleiche allen Mangel aus, den dieses Kind erlitten hat. Lass nicht zu, dass irgendwelche Folgeschäden auftreten, sondern lass deine Kraft mächtig in dem Kleinen wirken und heile du jeden Schaden, der durch diese schwere Geburt und den Sauerstoffmangel entstanden sein könnte.»

So dankten wir schon jetzt voller Zuversicht dem Herrn für das, was er an diesem Kind tun würde. Und wir konnten wirklich nur staunen. Schon nach einer Woche konnte Gundel mit ihrem kleinen Sohn nach Hause entlassen werden. Er atmete selbständig, und auch das Trinken hatte er gelernt. Ja, sogar das Köpfchen und die Arme und die Beine, die bei der Geburt nur schlaff herunterhingen, bewegte er. Wir konnten wirklich nur voller Dankbarkeit staunen, wie Gott hier eingegriffen hatte. Alles schien normal zu verlaufen. Und doch machten Gundel und ihre Mutter eine sehr merkwürdige Beobachtung. Jeden Abend von 20.30 bis etwa 22.00 Uhr schrie dieses Kind wie am Spieß. Es war kein Weinen, wie es tagsüber geschah, wenn das Kind Hunger hatte oder wenn Blähungen es quälten. Nein, das wäre ja ganz normal gewesen. So weint ja schließlich jedes Kind. Aber dieses Geschrei am Abend, das sich da täglich zur gleichen Zeit wiederholte, war derart von Entsetzen und Todesangst geprägt, dass dieses Kind nicht mehr aus der Panik herausfand und durch nichts, aber auch gar nichts zu beruhigen war. Das ging so weit, dass Gundel eines Tages bei ihrer Mutter vor Verzweiflung weinend in hilfloser Sorge zusammenbrach.

«Was soll ich nur tun, wie kann ich meinem Kind helfen? Ich kann dieses furchtbare Geschrei, diese entsetzliche Todesangst meines Kindes nicht mehr ertragen. Was ist nur mit meinem Jungen los? Bitte helft uns!»

Aber wie hätten wir das tun können? Hier konnte wirklich nur Jesus eingreifen. Und das Wunderbare geschah. Er zeigte uns, dass die Zeit, während der das Kind täglich schrie, genau mit der Zeit übereinstimmte, in der dieses Kind bei der Geburt im Geburtskanal festgesteckt und um sein Leben gekämpft hatte. So erkannten wir, dass es durch diese Angst, ersticken und sterben zu müssen, in einem schweren Schock gebunden war. Ja, das konnte die Lösung sein. Davon musste es befreit werden. Oh, was haben wir für einen Gott, der solche Zusammenhänge aufdeckt.

Sogleich sprach Frau L. mit ihrer Tochter. Und erschrocken fragte Gundel:

«Was muss ich dazu tun?»

«Gar nichts», beruhigte sie die Mutter. «Wir können sowieso nichts tun, wir können nur beten. Warten wir doch ab, wie unser Herr handeln wird.»

Noch am gleichen Nachmittag fuhren wir zu Gundel, da bei mir ein Seelsorge-Termin abgesagt worden war und ich somit Zeit hatte. Ich dachte nur:

«Schau an, wieder einmal Gottes Timing.»

Er weiß immer, was gerade am wichtigsten ist. Bei Gundel angekommen, nahm die Großmutter ihr Enkelkind an sich.

Während es friedlich in ihrem Schoß lag, erklärte ich Gundel in ganz einfachen Worten, dass Gott selbst in Jesus Christus in diese Welt gekommen ist, um uns von unseren Sünden zu befreien, um die zu retten, die verloren sind, und die Bindungen, in denen wir gefangen sind, zu zerschlagen.

Da sah sie ein, dass nur Jesus ihren kleinen Sohn von seinem schweren Schock befreien konnte. Und sie meinte sogleich:

«Oh ja, lasst uns beten, damit er endlich heil wird.»

Und wir legten Jesus diese ganze Sorge, diese furchtbare Situation hin, banden in seinem Namen diesen Schock, weil die Bibel ja in Matthäus 18,18 sagt:

«Was ihr auf Erden binden werdet, soll auch im Himmel gebunden sein, und was ihr auf Erden lösen werdet, soll auch im Himmel gelöst sein.»

Und in der Gewissheit dieser Zusage baten wir Jesus, diesen furchtbaren Schock, der diesen kleinen Jungen seit seiner Geburt gefangen hielt, in seinem Namen zu lösen. Ja, dieses furchtbare Erleben wegzunehmen aus seinem Unterbewusstsein, sein Herz und seine kleine Seele ganz frei zu machen von jeglicher Verkrampfung. Und in dieser Gewissheit, dass Jesus eingreifen, nein, ihn sogar heilen würde, segneten wir ihn im Namen Jesu. Still und zufrieden hat er uns die ganze Zeit angeschaut, ja, es war spürbar, dieser Junge war tief in Jesu Liebe geborgen.

Doch während des Gebets war uns noch etwas klar geworden. Auch Gundel und ihre Mutter standen unter dem Schock dieser schweren Geburt, der sie seitdem innerlich völlig verkrampft hatte. Auch da beteten wir also um Befreiung, um Heilung, und Jesus schenkte beiden ganz tiefen Frieden. Aber das war noch nicht alles. Ein weiteres Wunder geschah. Jesu Gegenwart war die ganze Zeit in der Wohnung so spürbar gewesen, dass auch Gundel bis ins tiefste Innerste erschüttert war und erkannt hatte: «Ich brauche diesen Jesus. Ohne Jesus will ich nicht mehr leben.» Und sie sagte:

«Ich möchte jetzt Jesus mein Leben anvertrauen und ihn als meinen Herrn annehmen.»

Was war das für ein Tag. Wir konnten wirklich nur staunen, wie Jesus seine Wege für uns längst vorbereitet hat. So gab Gundel in einem Lebensübergabegebet ihr Leben in Jesu Hand. Sie ließ alles los, was sie belastet hatte, und war voller Freude und Erwartung auf das, was Jesus für sie bereit halten würde. Denn im 2. Korintherbrief 5,17 steht:

«Ist jemand in Christus, so ist er eine neue Kreatur; das Alte ist vergangen, siehe, Neues ist geworden.»

Und wir durften ihr betend zusagen: Ja, ihr altes Leben hat Jesus mit in den Tod genommen und ihr das neue geschenkt, das in Ewigkeit nicht endet. Und dieses sein Wort ist wahr. Das Alte, es ist Vergangenheit. Es kann sie nicht mehr belasten. Sie ist jetzt ganz geschützt und geborgen in Jesu Hand. Er schenkt ihr seinen Frieden, und wir durften sie im Namen Jesu segnen.

War das eine Freude! Und doch – diese Geschichte ist noch nicht zu Ende.

Am Abend kam der junge Vater heim und die Familie saß friedlich zusammen. Es war 20.30 Uhr, und das Kind fing an zu quengeln. Der Vater horchte auf.

«Nanu», fragte er seine Frau, «was ist mit unserem Kind? Es schreit ja gar nicht mehr so wie sonst, so voller Todesangst. Es gerät ja gar nicht mehr in Panik. Was ist los? Kannst du dir das erklären?»

Da berichtete Gundel glücklich lächelnd von den Ereignissen, die sich am Nachmittag in ihrem Hause zugetragen hatten. Ja, das Kind ist heil. Jesus hat auf wunderbare Weise diesen Schock gelöst und das Kind befreit.

Es entwickelt sich prächtig, es hat keinerlei Nachwirkungen mehr von all dem Schweren, das es schon in seinem kleinen, kurzen Leben hat durchmachen müssen. Es ist wahrhaft ein Kind Gottes. Dank sei dem Herrn.

Ich kann nur immer wieder staunen, wie unser Herr alles, aber auch wirklich alles in seinen Händen hält und lenkt. Wunderbar hat er hier gehandelt. Ja, das Kind ist gesund. Und durch diese Sorge und Not hat auch die Mutter zu Jesus

Christus gefunden. Was ist das für ein Geschenk seiner Gnade. Wirklich, das Leben mit unserem Herrn ist immer voller Überraschungen; was allerdings nicht heißen soll, dass er stets alle unsere Wünsche erfüllt. Manchmal hat er einen ganz anderen Plan mit uns, dann sagt er «Nein» zu unseren Bitten und Vorstellungen. Und wenn wir auch sein Handeln nicht verstehen und nachvollziehen können, tun wir doch gut daran, diesen Weg und seinen Plan anzunehmen. Denn nur er alleine weiß doch, wie unser Leben verlaufen wird. Heißt es doch in Römer 8,28:

«Wir wissen aber, daß denen, die Gott lieben, alle Dinge zum Besten dienen.»

Alle Dinge? Wirklich alle Dinge?

Können wir das nachvollziehen?

Mir ist es so ergangen, dass ich oft erst Jahre später erkannt habe, dass auch das Leid in meinem Leben einen tiefen Sinn hatte und ich dafür dem Herrn noch danken konnte. Er lässt uns nicht allein, das ist unsere Gewissheit. Er trägt uns hindurch.

Das durften auch Herr und Frau G. erfahren, die eines Tages mit ihren Sorgen zu mir kamen, weil wir gemeinsam zu Jesus beten wollten.

Frau G. war hochschwanger in der 36. Woche, und in der 38. Woche sollte das Kind kommen. Das Ehepaar hatte schon eine kleine Tochter von eineinhalb Jahren, und die ganze Familie freute sich sehr auf den Familienzuwachs. Die Schwangerschaft war ganz normal verlaufen, doch bei einer Ultraschall-Untersuchung in der 30. Woche erhielten sie die katastrophale Nachricht:

Der Embryo hatte eine verschlossene Speiseröhre. Aber nicht nur das, auch das Herz war nur halb ausgebildet, die linken Herzkammern fehlten.

Diese Nachricht schlug bei der Familie wie eine Bombe ein. Was sollten sie tun? Sie waren wie von Sinnen. Ihr Kind! Sie konnten die Nachricht nicht fassen. Nach Ansicht der Ärzte musste das Kind sofort nach der Geburt auf den Operationstisch kommen, damit ein Speiseröhren-Schnitt gemacht werden konnte. In größeren Zeitabständen sollten dann mehrere Herzoperationen stattfinden. Doch die Überlebenschance sei äußerst gering.

Dieser Schock saß tief. Was sollten sie nur tun? Allein der Gedanke, dass dieses Kind aus der warmen Geborgenheit des Mutterleibes gleich auf den kalten Operationstisch kommen sollte, war für die Eltern eine wahre Horror-Vorstellung. Das konnte doch nicht geschehen. So sprachen sie mit den Ärzten im Krankenhaus, die über diese Situation selbst sehr bestürzt waren und ihnen zusagten:

«Sie bekommen ein Familienzimmer. Und nach der Geburt kommt das Kind nicht auf den kalten Operationstisch. Das wollen wir Ihnen ersparen. Es soll, solange es lebt, einfach die Liebe der Eltern empfangen und bei Ihnen und in Ihrer Geborgenheit sein.»

Mit dem zuständigen Pfarrer besprachen die Eltern eine «Nottaufe» und beschlossen auch, ihre eigene Familien-Taufschale mit ins Krankenhaus zu nehmen.

So war alles besprochen und vorbereitet worden.

Können Sie nachempfinden, dass wir bis ins Innerste erschüttert waren, als Frau G. uns das alles berichtete? Mein Herz schrie:

«Oh Herr, erbarme dich über dieses Kind! Du hast damals Wunder getan, als du hier auf der Erde warst. Du bist auch jetzt hier, Herr, und kannst das Wunder tun, dass du diese Speiseröhre öffnest. Dass du alles frei machst, was da zusammengewachsen ist, damit sie wieder ganz durchgängig ist und dieses Kind Nahrung zu sich nehmen kann.»

Ach, wir alle waren eins im Gebet, und zutiefst bewegt baten wir Jesus:

«Bitte, Herr, heile doch auch dieses Herz. Du hast damals Tote zu neuem Leben erweckt, da ist es dir ein Kleines, auch dieses Herz zu ergänzen und vollständig und lebensfähig zu machen. Oh Herr, wir vertrauen auf dich. Bitte, erbarme dich.»

Und doch waren die Eltern bereit, Jesus dieses Kind hinzugeben, wenn es sein Wille sein sollte, es wieder zu sich in die himmlische Welt zu nehmen. Sie fanden trotz allem Schmerz ein Ja dazu. Sie wussten, sie würden es bei Gott ganz bestimmt einstmals wiedersehen.

Liebevoll streichelte die Frau über ihren Leib. Vorher war das Kind recht lebhaft gewesen. Doch jetzt, während des Gebets, hatte es sich kaum geregt. Wir spürten es alle, ein großer Friede lag über den Eltern und diesem Kind. Und tief ergriffen segneten wir es im Namen Jesu.

Zwei Tage vor dem Geburtstermin in der 38. Woche rief mich Frau G. voller Freude an:

«Frau Anton, stellen Sie sich nur vor, die letzte Ultraschall-Untersuchung hat ergeben: Die Speiseröhre ist wieder frei. Der Magen war voller Flüssigkeit. Wir sind überglücklich, weil Jesus dieses Wunder getan hat. Auch am Herzen hat sich eine Veränderung vollzogen. Aus- und Eingang der Aorta waren feststellbar. Sie sind ganz normal.»

So konnten wir unserem Herrn für sein Eingreifen nur danken und ihn bitten, dass Jesus auch die Herzklappen und die Herzkammern ganz vollständig machen würde.

Können Sie sich vorstellen, wie gespannt wir waren, was der Herr tun würde? So konnten wir ihm jetzt nur noch die Geburt hinlegen, auf dass er dabei sein würde und Mutter und Kind vor Komplikationen bewahren möchte.

Doch als das Kind dann zwei Tage später durch einen Kaiserschnitt geboren wurde, stellten die Ärzte fest, dass die Luftröhre verschlossen war. Es erfolgte natürlich sofort ein Luftröhrenschnitt, aber es half nichts. Einige Stunden später, nachdem das Kind notgetauft worden war, ist es gestorben. Es durfte, von der Liebe der Mutter umgeben, in ihrem Arm einschlafen. Aber die Eltern wissen, dass ihr Kind bei Jesus ist, und sie nehmen dieses Geschehen aus Gottes Hand an.

Ich sagte anfangs, Gott erfüllt nicht alle unsere Wünsche. Manchmal müssen wir auch zu seinem Nein ja sagen. So schwer es uns auch fällt. So ist auch Frau G. und ihrem Mann bewusst, dass ihrem Kind wahrscheinlich eine lange Leidenszeit erspart geblieben ist und es schon jetzt in Jesu Frieden geborgen leben darf.

Ein Jahr ist seither vergangen, und Frau G. ist wieder schwanger. Ja, wir haben einen unendlich gütigen Gott. Er gleicht wirklich allen Mangel aus. Wir sind voller Dankbarkeit, dass unser Herr hier so wunderbar eingegriffen hat. Und die ganze Familie ist voller Vorfreude und Erwartung.

Oft erlebe ich es, dass Ehepaare um Gebet bitten, weil ihr Kinderwunsch bisher nicht in Erfüllung gegangen ist.

Mit dieser Bitte kam auch Tina zu mir. Sie ist seit etlichen Jahren verheiratet und möchte natürlich zu gerne ein Kind haben. Sehnsüchtig schaut sie in jeden Kinderwagen hinein, und ihre Freundin, die eine ganze Weile nach ihr geheiratet hat, bekommt inzwischen auch schon ein Kind. Das war zu viel für Tina. So wurde dieser Wunsch in ihr übermächtig.

«Was soll ich nur tun, Helga?» fragte sie ratlos. Sie war bei mehreren Ärzten gewesen und hatte verschiedene Behandlungsmethoden über sich ergehen lassen. Ihr Mann hatte sich sogar einer Operation unterzogen, aber nichts hatte geholfen. Es klappte immer noch nicht. Ihre Gedanken kreisten alle nur noch um diesen einen Punkt und nahmen sie vollkommen gefangen, so dass die beiden völlig verkrampft waren, wenn sie miteinander schliefen.

«Bitte bete mit mir, Helga, dass Gott uns endlich ein Kind schenkt.»

Aber es war so schwer für sie, diesen ganzen Druck, unter dem sie seit langem stand, und die Sorgen, die sie gefangen hielten, loszulassen. Deshalb kam sie wieder zum Beten zu mir.

Diesmal aber mit ihrem Mann. Beide erkannten: Je verkrampfter sie waren, desto unmöglicher schien es, dass es klappen würde. Ich riet ihnen, den Wunsch loszulassen und ihn Jesus hinzulegen, ihm zu vertrauen und ja zu sagen zu dem, wie er es machen würde. Damit sie endlich innerlich ganz entspannt und frei von allem Druck zusammen sein konnten. Und das Wunder geschah.

14 Tage später klappte es. Tina wurde schwanger. Was war das für eine Freude! Jetzt haben die beiden einen prächtigen Sohn und sind voller Dankbarkeit unserem Gott gegenüber.

Ja, so ist unser Herr.

Sie wundern sich vielleicht über die vielen kurzen Berichte in diesem ersten Kapitel. Aber ich möchte ganz bewusst die vielen Probleme ansprechen, mit denen wir alle im täglichen Leben immer wieder konfrontiert werden. Da stellt sich uns einfach die Frage, wie wir mit ihnen umgehen. Wie oft überlegen wir erst einmal hin und her, erwägen das Für und Wider und suchen nach einer menschlichen Lösung, bis wir vor Sorgen nicht mehr aus noch ein wissen. Meistens kommen wir doch erst ganz am Schluss auf die Idee, über einer Sache zu beten. Aber Jesus wartet doch nur darauf, dass wir ihn fragen. Er weiß alle Dinge und hält die Lösung längst für uns bereit. Diese Gewissheit erfüllt mich mit ganz großer Freude. Mein Erstaunen über Gottes vielseitige Möglichkeiten der Hilfe hört nicht auf. Und das macht mir und uns allen den Alltag einfach sehr viel leichter.

Da ruft mich eines Morgens weinend meine Schwiegertochter an. Sie ist so verzweifelt, dass ich kaum verstehen kann, was sie sagt.

«Was ist geschehen, Ingrid?» frage ich ganz erschrocken und in großer Sorge. Denn wenn sie so verzweifelt weint, muss ja etwas Furchtbares passiert sein.

«Bete, Mutti, bitte bete. Ich habe meine Handtasche verloren. Alles ist weg. Meine Schlüssel waren darin, alles Geld, die Kreditkarten, die

Schecks, die Ausweise, der Führerschein. Mutti, das kann doch nicht wahr sein. Bitte bete.»

Wie das geschehen war? Sie war morgens mit dem Fahrrad von zu Hause weggefahren, hatte ihre Handtasche hinten auf dem Gepäckträger festgeschnallt, war dann, um den Weg abzukürzen, über einen großen, ausgedehnten Friedhof gefahren, um zu ihrer Firma zu kommen. Können Sie sich ihr Entsetzen vorstellen, als sie da feststellte, dass die Handtasche weg war? Sie fuhr natürlich sofort zurück, suchte den ganzen Weg ab, aber vergeblich. Sie fand die Tasche nicht. Sie meldete schnell bei allen umliegenden Polizeistationen diesen Verlust an, falls ein ehrlicher Finder die Tasche abgeben würde. Sie ließ sofort die Konten und die Karten sperren, ging dann auch noch ins nächste Fundbüro, aber die Handtasche blieb weg. Niemand hatte sich gemeldet. Ja, ihre Situation war trostlos. In dieser Verfassung rief sie mich an. Da konnte wirklich nur noch Jesus helfen. Er allein wusste doch, wo die Handtasche sich befand.

Also beteten wir, dass Jesus dem Finder ins Gewissen reden würde, die Handtasche doch wieder abzugeben. Wie ein Schreckgespenst stand es vor Ingrid, all die Ausweise und sonstigen Papiere neu beschaffen zu müssen. Auch müssten die Schlösser in der Firma und zu Hause ausgewechselt werden. Nein, es war nicht auszudenken, was für Scherereien und Kosten auf sie zukommen würden.

«Bitte, Herr, höre unser Gebet. Hilf, dass ein ehrlicher Finder diese Tasche zurückbringt.»

Lange Zeit betete ich. Da kam ein erneuter Anruf:

«Mutti, stell dir vor, die Tasche ist gefunden worden!»

Ingrid war außer sich vor Freude.

«In meinem Briefkasten steckte ein Zettel, mit der Adresse einer Frau, bei der ich die Tasche abholen kann. Ich werde sofort hinfahren.»

Und weg war sie. Ich aber war voller Freude und konnte unserem Herrn nur danken, dass er so schnell eingegriffen hatte. Was haben wir für einen wunderbaren Gott.

Und nun wartete ich natürlich gespannt darauf, wie sich alles abgespielt hatte. Ingrid erzählte es mir mittags. Diese Frau hatte morgens ihren Hund ausgeführt, wie man das so zu tun pflegt. Doch an einem bestimmten Punkt wollte der Hund nicht mehr mit und zerrte an der Leine. Er schnüffelte an etwas herum. Und weil er gar nicht zum Weitergehen zu bewegen war, schaute die Frau nach. Ja, was war das? Da lag ja eine Handtasche! Sie nahm sie an sich und fand Ingrids Ausweis mit der vollständigen Adresse darin. Sie konnte sich gewiss in Ingrids unglückliche Lage hineinversetzen, denn sie ging sofort zurück und steckte ihre eigene Adresse in Ingrids Briefkasten. Das war also des Rätsels Lösung.

Ich kann immer nur staunen, wie unser Herr sich unserer Sorgen annimmt und wie wunderbar seine Wege sind.

Nach menschlichem Ermessen hätte die Sache ja wirklich böse ausgehen können. Aber unser Herr hat es wunderbar geleitet. Dank sei ihm und dieser ehrlichen Frau. Wie dürfen wir uns darüber freuen, dass wir die Gewissheit haben: Unser Herr weiß um alle Dinge. Aber nicht nur das, er ist bei uns und hört unser Gebet und ist auch gleichzeitig bei denen, für die wir beten. Ob sie nun hundert oder tausend Kilometer oder noch weiter weg sind, er überbrückt jede Entfernung und ist allgegenwärtig. Wie sehr stärkt diese Gewissheit unser Gebet.

So erreichen mich hier im hohen Norden immer wieder Anrufe aus unserem ganzen Land und aus dem deutschsprachigen Ausland mit der Bitte, gemeinsam zu beten. Und wir spüren ganz intensiv das Einssein in Jesu Liebe und im Glauben an ihn.

So rief mich an einem Montagmorgen Herr P. an. Er ist Chef einer Firma im süddeutschen Raum und hatte meine ersten beiden Bücher gelesen. Doch jetzt befand er sich in einer Notlage und bat mich, für ihn zu beten. Er hatte am Nachmittag um 16.00 Uhr eine sehr schwere Verhandlung, weil seine Firma in Schwierigkeiten geraten war und es letzten Endes um deren Existenz ging. Das alles beunruhigte ihn doch sehr. Aber er vertraut Jesus und wusste, nur er allein konnte ihm helfen. Also betete ich gleich morgens – und mittags dann ein zweites Mal. Ich bat Jesus, Herrn P. alle Angst und Unsicherheit zu nehmen, ihn mit tiefer Ruhe und Frieden zu erfüllen und durch seinen Heiligen Geist Herrn P.'s Gedanken und Worte so zu lenken, dass seine Argumentation klar formuliert und überzeugend sein würde. Dann fing ich um 15.30 Uhr erneut an, für die ganze Situation zu beten. Zuerst für die Freistellung und Reinigung des Raumes, in dem die Verhandlung stattfinden würde, damit keine feindlichen Mächte, die vielleicht bei früheren Gelegenheiten dort eingedrungen sein konnten, die Gespräche stören würden. Danach stellte ich alle Beteiligten unter den Schutz des Blutes Jesu und erbat viel Weisheit für die Führung der Verhandlung.

«Mach, dass der Heilige Geist doch die Gedanken lenken und die Lösung des Problems zeigen möchte, so dass die ganze Sitzung ohne Aggression in einer friedlichen Atmosphäre verläuft.» Ich war von tiefer innerer Ruhe erfüllt und wusste, Jesus ist da. Es wird alles gut werden.

So war ich ganz eins mit allen Beteiligten und betete weiter bis 17.30 Uhr. Da wusste ich plötzlich mit ganz großer Gewissheit, dass es jetzt vorbei war. Nun war es überstanden. Ich beendete mein Gebet und konnte Gott nur noch aus tiefstem Herzen danken. Früh am nächsten Morgen rief Herr P. an:

«Frau Anton, danke für Ihr Gebet. Super ist es gelaufen. Ganz prima, preist den Herrn! Zu Beginn der Sitzung war es ein sehr, sehr hartes Ringen. Die Meinungen prallten mit aller Schärfe aufeinander, und ich sah unsere Firma schon den Bach runtergehen. Doch dann wendete sich das Blatt zu unseren Gunsten. Die Gegenseite gab nach, die Stimmung schlug um, und der Herr hat wunderbare Lösungen gezeigt. So dass wir in Einigkeit und wirklich zufrieden die Sitzung beenden konnten. War das eine Freude. Tiefe Dankbarkeit erfüllte uns.»

Danach konnte ich mir allerdings nicht verkneifen zu fragen:

«Sagen Sie bitte, wann war die Sitzung zu Ende?» Und es kam, wie ich es eigentlich erwartet hatte: «Denken Sie, schon um 17.30 Uhr waren wir uns einig. Ist das nicht wunderbar?» Ich aber konnte nur voller Dankbarkeit jubeln.

Immer wieder spüren wir diese Zeitgleichheit, wenn wir beten. Ist das eine Freude. Was haben wir für einen großen Gott. Danke, Herr!

Aber dieses Erlebnis ist kein Einzelfall. Genauso beten wir für Prüfungen, für ein Abitur oder auch für ein Staatsexamen. Es wird heute so viel von den Absolventen verlangt. Da ist es doch gut zu wissen: Sie sind nicht allein, sondern Jesus ist bei ihnen. Wir stellen dann auch die Prüflinge, die Professoren und alle Beteiligten unter den Schutz des heiligen Blutes Jesu und bitten ihn, den Prüflingen alle Angst und Unsicherheit zu nehmen und ihre Nerven mit seiner Ruhe zu durchströmen. Dann bitten wir Jesus allerdings auch, dass der junge Student genau in den Themen und Aufgaben, die er am besten beherrscht, geprüft wird. Das Studium ist ja heute derart vielseitig, da kann man einfach nicht in jedem Themenbereich fit sein. Und immer wieder erleben wir es, dass Jesus diese Auswahl wunderbar trifft. Da können wir wirklich nur noch staunen. Ja, er steht zu seinem Wort, er lässt die Seinen nicht im Stich.

Das durfte ich auch Frau S. zusagen, die innerlich ziemlich aufgelöst und von Zweifeln geplagt zu mir kam.

«Oh bitte, Frau Anton, beten Sie mit mir. Ich weiß nämlich nicht, ob ich die Heilsgewissheit habe. Ich bin völlig hin und her gerissen und verunsichert. Dabei habe ich doch unseren Herrn Jesus von Herzen lieb.»

Während ich mich gerade betend an Gott wenden wollte, fing sie schon an zu erzählen. Frau S. ist eine Russland-Deutsche aus Kasachstan. Bei ihr zu Hause wurde nur Deutsch gesprochen, und ich war erstaunt über ihre klare Aussprache. Sie spricht ein makelloses, akzentfreies, grammatikalisch richtiges Deutsch. Es ist nicht zu fassen. Dabei war die Amtssprache immer Russisch. Im Jahre 1982 kam der Generalsekretär der KPdSU nach Deutschland. Und – ein Wunder geschah – seitdem konnten Bibeln nach Russland eingeführt werden, und es bildeten sich viele winzig kleine Gemeinden, in denen die Christen nach dem Vorbild der urchristlichen Gemeinden in Apostelgeschichte 2 zusammenlebten.

Frau S. fasste eine glühende Liebe zu unserem Herrn. Ihre Großmutter und ihre Eltern hatten schon immer für sie gebetet. So lebte sie wirklich ganz in, mit und durch Jesus in der Geborgenheit seiner Liebe. Das war Quelle und Inhalt für sie. 1992 kam sie nach Deutschland. Sie freute sich sehr, in das Land ihrer Väter zu kommen. Und doch, was war das für eine Umstellung für sie. Sie, die vorher in einer kleinen, geschützten Gemeinde gelebt hatte, fand sich hier in der Vielfalt der Möglichkeiten nur schwer zurecht, zumal sie dann noch an Christen geriet, die ihr sagten:

«Sie haben keine Erscheinung gehabt? Auch keine Visionen? Dann haben Sie ja gar keine Heilsgewissheit!»

Da geriet ihr Glaube ins Wanken. Die Zweifel packten sie. «Bin ich nun errettet, oder bin ich verloren für alle Ewigkeit?» Das war ihre große Sorge, die sie nicht mehr zur Ruhe kommen ließ.

Sie verstand die Schrift nicht mehr, aber auch die Menschen nicht. Ja, der feste Grund, auf dem sie gestanden hatte, war wie weggerissen. Hilflos erzählte sie mir das, immer wieder von Weinen unterbrochen. Und ich geriet innerlich außer mich vor Zorn. Wer sind wir kleinen Menschenkinder denn, dass wir uns anmaßen, über den Glauben eines anderen urteilen zu dürfen? Es steht doch ganz klar in Lukas 6,37: «Richtet nicht, so werdet ihr auch nicht gerichtet. Verdammt nicht, so werdet ihr nicht verdammt.»

Allein unser Herr kann uns doch ins Herz schauen. Und er weiß, ob wir ihm gehören und vertrauen oder nicht. Ja, er bestimmte wirklich das Leben von Frau S., das war doch so offensichtlich. Deshalb konnte ich sie nur in aller Liebe wieder «in Jesus hineinbeten» und ihr zusagen, dass er auch für sie gestorben ist, ihre Schuld und Sünde vergeben hat, und dass sie ganz gewiss das Wort in Johannes 5,24 für sich in Anspruch nehmen darf, wo es heißt:

«Wer mein Wort hört und glaubt dem, der mich gesandt hat, der hat das ewige Leben und kommt nicht in das Gericht, sondern er ist vom Tode zum Leben hindurchgedrungen.»

Ja, dieses Wort ist absolut wahr. Jesus hat es selbst gesagt.

So durfte ich ihr zusagen:

«Sie sind ein geliebtes Kind Gottes. Niemand kann Sie aus Jesu Hand reißen.»

Glücklich und unter Tränen dankte sie unserem Herrn für diese Gewissheit. Ja, Jesus ist wirklich immer da. Er lässt uns nicht allein mit unseren Sorgen, sondern wir dürfen sie loslassen und ganz auf ihn werfen, denn er sorgt für uns

(1. Petrus 5,7). Er tröstet uns, und er richtet uns wieder auf. Ja, das macht wirklich frei. Dank sei ihm dafür.

Auch bei Krankheiten nicht sorgen?

Vor knapp zwei Monaten musste ich erfahren, wie Gott meine Pläne mal wieder völlig durcheinander brachte. Dabei waren es gar nicht meine eigenen Pläne, sondern es war mein Dienst für ihn. Und doch hieß es für mich: loslassen. Mein Herz machte mir einige Beschwerden, so dass wir am Sonnabend schon mit einem Notarzt telefoniert hatten. Der rief am Sonntagmorgen zurück und sagte:

«Ach, bitte kommen Sie doch zu einem EKG, damit wir ganz sichergehen, nichts zu versäumen.»

Während ich noch unbekümmert in den Regen hinaustrat, kamen schon meine Freunde, um mich zum Arzt zu fahren. Doch als ich dann arglos auf die Auswertung des EKG wartete, kam bereits ein Krankenwagen, um mich liegend auf die Intensivstation zu bringen. Aus war es mit meinem Dienst. Aus mit der Freizeit meiner Gruppe, die in fünf Wochen beginnen sollte. So schnell ändert sich eine Situation. Ich war völlig fertig. Im Stillen dachte ich allerdings:

«Herr, das darf doch nicht wahr sein! Da gehe ich ahnungslos aus dem Haus und liege nun hier, fest verkabelt und an Instrumente angeschlossen. Was soll das nur für einen Sinn haben?»

Doch dieser Sinn wurde mir sehr bald bewusst.

Während am nächsten Tag ein Arzt da war, um mir Blut abzunehmen, sagte er so ganz nebenbei:

«Sie waren Geigerin? Ein schöner Beruf.»

«Ja», meinte ich, «ein schöner Beruf. Doch jetzt geige ich nicht mehr. Ich habe stattdessen etwas viel Besseres bekommen.»

«Nanu», fragte er erstaunt, «was machen Sie denn jetzt?»

«Ich bin Beterin.»

Er meinte wohl, sich verhört zu haben, und hakte nach.

«Was sind Sie?»

«Ja, ich bin Beterin.»

Und damit war sein Interesse geweckt. Das fand er sehr spannend. Und ich durfte ihm von Jesus Christus und meinem Dienst erzählen. Er freute sich sehr, als ich ihm dann auch noch eines meiner Bücher schenkte. Ich kann nur hoffen, dass es ihm zum Segen wird.

Und dies war kein Einzelfall. So ging es weiter. Noch ein Arzt, Schwestern, Pfleger, meine Bettnachbarin, alle sprachen sie mich von sich aus auf den Glauben an. Alle hatten plötzlich ganz viele Fragen, den Glauben betreffend, so dass ich ihnen das Evangelium bezeugen durfte. Es waren wirklich wunderbare Gespräche. Und ich durfte insgesamt neun meiner Bücher verteilen. Mir war längst klar geworden, weshalb ich ins Krankenhaus musste.

Und die Sorgen um die Freizeit? Auch die durfte ich getrost abgeben. Mit zwei meiner Mitarbeiterinnen habe ich das ganze Programm durchgearbeitet, so dass ich sie ganz beruhigt fahren lassen konnte. Ja, die Wege des Herrn sind schon erstaunlich. Er hatte mal wieder – wie immer! – alles in seiner Hand.

Diese Erfahrung durfte auch Frau D. machen, die an einem sehr heißen Sommertag mit ihrem Pastor, Herrn U., zu mir kam, damit wir gemeinsam für sie beteten. Die beiden hatten eine längere Autofahrt hinter sich, und da Frau D. so stark behindert war, dass sie nicht einmal einen Fuß aufsetzen konnte, geschweige denn in der Lage war, eigenständig zu gehen, musste sie zuerst einmal in ihren Rollstuhl gehoben werden. Doch da war schon das erste Problem vorprogrammiert. Wie sollte sie nur in mein Haus kommen? Sowohl von der Hauseingangstür als auch von den Terrassen her sind jeweils drei Stufen zu überwinden. «Was sollen wir nur tun?» fragten wir uns. Doch da es ein so schöner Tag war, setzten wir uns einfach im Garten in den Schatten der Bäume. Wir waren da auch völlig ungestört. Frau D. erzählte uns ihre Geschichte von Anfang an:

Als Baby hatte man übersehen, dass sie eine Spreizhose hätte tragen müssen, da beide Hüftgelenke nicht richtig angelegt waren. Dadurch kam es natürlich im Laufe der Jahre zu einer Fehlbelastung der Wirbelsäule mit angeblich dreifacher Verdrehung. Ich konnte mir so etwas kaum vorstellen. Und doch bestätigte sie: Doch, genau so hätte der Arzt es ausgedrückt. Eine Wirbelsäulen-Operation hatte sie schon hinter sich, jetzt stand die zweite bevor, denn ein Gleitwirbel drückte ständig auf die Nerven, so dass sie unter unerträglichen Schmerzen litt und sich kaum noch bewegen konnte.

Die Frau tat mir in tiefster Seele leid, zumal sie auch nachts kaum mehr zur Ruhe kam. Die rechte Hüfte war schon im vergangenen Jahr operiert und durch diesen Eingriff korrigiert worden. Doch jetzt hatte sich im Muskel eine starke Verkalkung gebildet, und der Schleimbeutel hatte sich entzündet, so dass die Ärzte auch da operativ ein Stück des Muskels zu entfernen planten. Das war wirklich eine schlimme Situation. Außerdem sollte jetzt auch die linke Hüfte durch einen operativen Eingriff korrigiert werden. All das beunruhigte sie natürlich sehr. Dazu kamen diese furchtbaren Schmerzen, so dass sie in der Nacht kaum noch schlafen konnte. Ja, ich empfand viel Mitleid mit dieser Frau. Doch sie vertraute auf Jesus und wollte alle Sorgen bei ihm ablegen. Er war ihre einzige Hoffnung. So stellten wir uns alle drei unter den Schutz des heiligen Blutes Jesu und waren eins im Gebet und in der Glaubensgewissheit. Er würde uns hören und ihr helfen. Ich hielt meine Hände über ihre Wirbelsäule. Während des Gebets stand mir plötzlich eine Verheißung Jesu vor Augen:

«Herr, du hast gesagt: ‹Wer zu diesem Berge spräche: Heb dich und wirf dich ins Meer! und zweifelte nicht in seinem Herzen, sondern glaubte, daß geschehen werde, was er sagt, so wird's ihm geschehen› (Markus 11,23). Dein Wort ist wahr, Herr, und du stehst zu deinen Verheißungen. So gebiete ich jetzt in deiner Vollmacht, die du uns gegeben hast, und in deinem Namen dieser Wirbelsäule: Strecke dich, im Namen Jesu Christi, strecke dich! Mach dich frei von allen Bindungen, wirf alle deine Lasten und Fesseln ab. Im Namen Jesu Christi, strecke dich und sei gerade.»

Mir stand dieses Wort Jesu so deutlich vor Augen. Immer wieder musste ich dieser Wirbelsäule gebieten, sich zu strecken. Das Erstaunliche geschah, schon gleich nach dem Gebet verspürte Frau D. im ganzen Rückenbereich eine starke Entlastung und Befreiung. Sie schaute mich glücklich an:

«Ich denke, nein, ich weiß, der Herr hat eingegriffen. Ihm sei Dank. Ich bin so gespannt, was da geschehen ist.»

Dann beteten wir, dass Jesus auch den rechten Muskel und die Schleimbeutel-Entzündung heilen möchte, und baten ihn, auch die bevorstehende Operation ohne Komplikationen gelingen zu lassen.

So lag alles in seiner Hand. Beglückt und dankbar fuhren die beiden ab. Zu Hause angekommen, merkte Frau D. schon beim Aussteigen, dass neue Kraft in ihrer Wirbelsäule und in ihren Beinen war. Sie brauchte beim Aussteigen den Rollstuhl nicht mehr und bat ihre Kinder:

«Bringt mir doch mal meine Krücken, ich glaube, ich kann gehen.» Und tatsächlich, es klappte. Ja, sie fühlte sich so gestärkt, dass sie auch diese Krücken noch am selben Tag zur Seite legte. Sie konnte gehen. Sie rief mich gleich voller Freude an, um mir von diesem wunderbaren Eingreifen unseres Herrn zu berichten.

«Was glauben Sie, wie meinen Kindern – sieben, neun und elf Jahre alt – zumute ist? Sie staunen nur, was unser großer Gott an mir getan hat.»

Natürlich wollten die Kinder gleich mit ihr dieses Ereignis feiern und baten sie deshalb, mit ihnen zusammen ins Schwimmbad zu gehen. Später berichtete sie mir davon:

«Wir sind tatsächlich gegangen, ja, meine ganze Familie und ich. Alle sind unendlich froh und dankbar. Und denken Sie nur, seit dem Gebet habe ich keine Schmerzen mehr. Ich kann nachts wieder ganz ruhig schlafen und sogar meinen Haushalt wieder allein versorgen. Was ist das für ein Gott!»

Sie konnte gar nicht fassen, was für ein Wunder Gott an ihr getan hatte. Später erzählte sie mir, am Montag nach dem Gebet habe sie wie immer zur Krankengymnastik in die Reha-Klinik fahren müssen. Dort begegnete ihr der Chefarzt. Er sah sie gehen und fragte:

«Was ist mit Ihnen geschehen? Wieso können Sie wieder gehen?»

Sie erzählte alles, doch er konnte das Wunder nicht glauben, das an ihr geschehen war, und schickte sie gleich noch einmal zum Röntgen. Dort wurde die neue Aufnahme mit den alten Bildern verglichen, und der Arzt sagte:

«Nein, nein, da stimmt ja was nicht. Das sind ja nicht Ihre Aufnahmen. Sie sind die falsche Patientin. Was wollen Sie eigentlich hier?»

Ja, Jesus hatte eingegriffen. Ihre Wirbelsäule war jetzt gerade und heil. Der Chefarzt aus der Reha-Klinik war jedoch so konsterniert, dass er sagte:

«Das geht nicht mit rechten Dingen zu. Ich werde bei der nächsten Operation dabei sein.»

Bis dahin vergingen noch 14 Tage, und Frau D. ging es so gut, dass sie sogar am Tag vor der Operation noch ihren Rasen mähte. Unvorstellbar. Ich konnte wirklich nur jubeln, als ich diese ganze Geschichte hörte. Ja, so ist unser Herr!

Als dann der Eingriff an der linken Hüfte vorgenommen wurde, war tatsächlich der Chefarzt der Reha-Klinik als Zuschauer dabei. Wir umbeteten die ganze Operation, so dass Frau D. sich unbesorgt in die Liebe Jesu hineinfallen lassen durfte. Er hatte alles in seiner Hand, und die Operation gelang wunderbar. Doch als man abschließend die Reflexe im Bein prüfte, wurde festgestellt, dass vom Knie abwärts der Unterschenkel und der Fuß völlig gelähmt waren. Keine Bewegung, kein Gefühl, nichts.

Was konnte da nur geschehen sein?, war die bange Frage. Es stellte sich heraus, dass der Gurt, mit dem das Bein während der Operation festgeschnallt werden musste, zu stramm angezogen worden war, so dass der Nerv völlig abgeklemmt und zerquetscht war. Die Ärzte waren erschrocken und entsetzt. Sie konnten Frau D. nur wenig Hoffnung machen, dass dieser Nerv jemals wieder heil werden würde.

Sofort nachdem Frau D. aus der Klinik entlassen worden war, kam Herr Pastor U. mit ihr erneut zum Gebet zu mir. Sie kam also wieder auf Krücken und konnte das linke Bein überhaupt nicht aufsetzen. Sie hatte weder Bodenhaftung noch irgendein Gefühl darin, so dass sie sich nur von einer Stufe zur anderen schwingen konnte. Was für eine trostlose Situation. Wir waren alle zutiefst betroffen. Da hatte Jesus so Großes an ihr getan, und nun konnte sie sich – auf Grund eines menschlichen Versagens – wieder nur auf Krücken fortbewegen. Sie gab sich so tapfer, und doch merkte ich ihr die innere Verzweiflung an. Ich schrie im Herzen zum Herrn:

«Oh Jesus, erbarme dich und hilf ihr.»

Wir legten ihr gelähmtes Bein auf einen Hocker und dankten als Erstes Jesus für alles, was er schon an ihr getan hatte. Dann beteten wir für sie und waren ganz sicher, dass Jesus – der ja schon Tote auferweckt hat – auch diesen zerquetschten, zerdrückten Nerv wieder neu aufrichten konnte. Für ihn ist es doch ein Kleines, diesen Nerv mit neuem Leben zu erfüllen.

Mir stand plötzlich vor Augen, was Gott in Jesaja 42,3 sagt:

«Das geknickte Rohr wird er nicht zerbrechen.»

Und so baten wir Jesus, dass er diesen zerquetschten Nerv heilen und ihn mit seiner Kraft und neuem Leben erfüllen möchte. Wir beteten für die Durchblutung des ganzen Beines und Fußes, für die Stärkung der Muskeln, Bänder und Sehnen und dass auch das Gefühl zurückkommen möchte. Doch was war das?! Plötzlich spürte ich in meiner Hand, die den kranken Fuß hielt, dass sich die Zehen bewegten. Sie krümmten sich ein wenig, sie streckten sich. Vorher war das gar nicht möglich gewesen, da der ganze Bereich – Bein und Fuß – ja gefühllos gewesen war. Dann schwenkte Frau D. sogar den ganzen Fuß von links nach rechts. Fassungslos sahen wir dieses Wunder. Ja, neues Leben durchströmte den ganzen Bereich. Es kam Gefühl in die Waden, in die Muskeln, sie spürte die Durchblutung, ein Kribbeln im Bein und im Fuß. Es war so erschütternd, dieses Geschehen zu erleben. Uns allen liefen die Tränen übers Gesicht. Was haben wir für einen großen Gott!

Aus eigener Kraft konnte sie dann sogar das Knie Richtung Oberkörper ziehen, das Bein vom Hocker nehmen und sich sogar auf den Fußboden stellen. Und sie jubelte:

«Ich spüre Bodenhaftung, ich kann wieder auf meinen eigenen Füßen stehen!»

Ja, ein neues Lebensgefühl durchströmte das ganze Bein bis in die Zehen hinein. So wunderbar hat unser Herr eingegriffen. Wir konnten diesen großen Gott nur in tiefer Demut loben und voller Dankbarkeit anbeten. Als Frau D. zum Auto ging, lief sie zwar noch mit Krücken, aber sie bewegte beide Beine gleichmäßig, Schritt für Schritt. Über die Treppenstufen ging sie, als seien sie gar nicht da. Sie ging ganz leicht und beschwingt, bewegte alle Gelenke wie wir. Oh, was haben wir für einen großen Gott! Dank sei ihm. Ihm allein gehört alle Ehre.

Ja, Gott tut auch heute noch Wunder, aber er erfüllt nicht alle unsere Wünsche. Er ist eben absolut souverän und hilft auf seine Weise – aber immer so, dass es uns zum Besten dient.

Diese Tatsache ist allerdings für einen schwer leidenden Kranken nicht leicht anzunehmen. Und noch viel schwerer ist es für ihn, zu erkennen, was Gott damit bewirken will.

Ein Ereignis, das mich seit kurzem im tiefsten Innern sehr aufwühlt, möchte ich Ihnen nicht vorenthalten, da es uns genau das Thema dieses Buches erleben lässt:

Ein Arzt aus Süddeutschland rief mich an und erzählte von seinen Sorgen: «Ich stehe hier am Bett eines sehr schwer an Krebs erkrankten Mannes und bin mir meiner ganzen Hilflosigkeit so bewusst, dass ich nur noch einen Weg sehe: Jesus Christus. Ich bin Christ und habe Ihre Bücher gelesen. Sind Sie bereit, für den Kranken zu beten? Jetzt im Augenblick ist er zwar gerade eingeschlafen, aber bitte bestimmen Sie morgen eine Zeit, die

Ihnen recht ist, dann werde ich auch hier sein, damit wir alle Sorgen und alle Not gemeinsam im Gebet zu Jesus bringen können.» Wir verabredeten uns für den nächsten Tag um 12.00 Uhr.

Pünktlich rief der Arzt an. Ich konnte den Kranken nur in Jesu Liebe hineinbeten, und Gottes Geist wirkte so mächtig, dass wir alle tief bewegt waren und der Kranke endlich seinen Tränen freien Lauf lassen konnte. Wir baten Jesus, ihm alle Angst und Verzweiflung zu nehmen, ihn zu trösten und seine furchtbaren Schmerzen zu lindern, ihm zu helfen und ihn mit neuer Kraft zu erfüllen.

Am nächsten Tag rief die Frau des Kranken an. Das Gebet habe ihrem Mann so gut getan und ihn so sehr gestärkt, dass er bat, wir möchten noch einmal für und mit ihm beten. Zumal die Schmerzen seitdem sehr zurückgegangen waren.

Am nächsten Tag bat die Frau erneut um ein Gebet und erwähnte so ganz nebenbei, sie und ihr Mann hätten bisher nichts von Jesus gewusst und sich auch gar nicht mit dem Glauben beschäftigt. Doch der Mann hatte eine Kraft gespürt, die offensichtlich mächtig in ihm wirkte. Ich war ganz erschrocken, als ich diese Mitteilung hörte, war ich doch nach dem Anruf des Arztes davon ausgegangen, dass der Mann und seine Frau Christen waren. Mir war sofort klar, dass ich ihnen nun als Erstes die rettende Botschaft des Evangeliums vermitteln musste. Denn im 1. Timotheus 2,4 steht:

«[Jesus] will, daß alle Menschen gerettet werden und sie zur Erkenntnis der Wahrheit kommen.»

Also fragte ich die Frau:

«Haben Sie eine Telefonanlage mit eingebautem Lautsprecher, so dass Sie beide mithören können?»

Als sie das bestätigte, erzählte ich den beiden die Frohe Botschaft von der außerordentlichen Liebe unseres großen Gottes. Ja, dass er selbst in Jesus Christus in diese Welt gekommen ist, um uns verlorene Menschen zu retten und uns von unserer Sündenlast zu erlösen, und dass er sich selbst für uns geopfert hat. Aber der Tod hat ihn nicht halten können. Jesus ist auferstanden und lebt und hat denen, die ihm glauben, zugesagt: «Ich lebe, und ihr sollt auch leben» (Johannes 14,19).

Da erkannten diese Ehepartner, dass Jesus auch für sie sein Leben gelassen hat und dass sie alle Schuld, die Sorgen, die Krankheit und die ganze Vergangenheit bei ihm an seinem Kreuz ablegen durften. Ja, sie hatten begriffen, dass hier auf Erden – also zu unseren Lebzeiten – die Entscheidung fallen muss, wo wir einstmals die Ewigkeit zubringen werden: bei Gott, indem wir dieses rettende Angebot unseres Herrn annehmen – oder in der Gottesferne, in der Verlorenheit, wenn wir es ablehnen.

So waren sie beide sofort bereit, Jesus als ihren Herrn anzunehmen. Ja, sie brauchten ihn. Das war ihnen ganz klar geworden. So brachten sie ihre Sünden und alles Belastende zu Jesus, damit sie endlich frei wurden. Danach sprach ich ihnen Zeile für Zeile ein Lebensübergabegebet vor. Beide sprachen es nach, so dass ich ihnen im Namen Jesu zusagen durfte: «Sie beide sind jetzt geliebte Kinder Gottes. Jesus hat Ihr altes Leben mit in den Tod genommen und Ihnen das neue Leben geschenkt, das in Ewigkeit nicht endet.» Danach konnte ich ihnen den Segen unseres Gottes zusprechen.

Können Sie sich vorstellen, wie groß unser aller Freude war?

Am übernächsten Tag rief die Frau wieder an.

Sie war sehr bedrückt, weil ihr Mann sich mit der Frage quälte: «Warum lässt Gott mich nur so sehr leiden?» Ich weiß, solche Fragen wiegen schwer. Und doch benutzt Gott oft gerade so eine harte Situation für seinen Weg mit uns. Deshalb sagte ich dem Mann:

«Ich muss mit einer Gegenfrage antworten. Ich bitte Sie, sie offen und ehrlich zu beantworten: Hätten Sie Jesus als Ihren Herrn angenommen? Hätten Sie zu ihm gebetet, wenn Sie keinen Krebs bekommen hätten und dieses Leiden nicht hätten ertragen müssen?»

Und mit großer Offenheit verneinte er die Frage.

«Sie haben Recht, Frau Anton, ich hätte sicher nicht nach Jesus gefragt.»

Und plötzlich erkannte er: Diese Krankheit diente dazu, dass er Jesus erkannt und ihn als seinen Herrn angenommen hat und dadurch für die Ewigkeit errettet ist. Sicher, dieses Leiden, das er jetzt ertragen musste, war schwer, sehr schwer. Und doch ist unsere Lebenszeit ja gegenüber der Ewigkeit wie ein Tropfen auf einem heißen Stein. Und diese Ewigkeit ist unendlich lang. Darum müssen wir uns hier auf der Erde, noch solange wir leben, entscheiden, wo wir diese Ewigkeit zubringen wollen. In der Verlorenheit – oder in der Gottesnähe bei unserem Herrn.

Der Kranke war ziemlich überwältigt von dieser Führung unseres Gottes. Wir konnten nur aus tiefstem Herzen Dank sagen, und der Kranke hat seinen Frieden wieder gefunden.

Fünf Tage später rief mich die Frau an, ihr Mann sei heimgerufen worden. Wie war es da trotz aller Trauer tröstlich für sie zu wissen, dass er beim

Herrn ist. Alles Leiden, alle Schmerzen haben jetzt ein Ende. Er ist erlöst.

Ja, diese Gewissheit macht frei und wird auch die Frau sehr stärken. Wie gut, dass der Mann diese rettende Entscheidung noch kurz vor seinem Tod getroffen hat.

Wie oft werden wir durch Mitmenschen oder Freunde verunsichert, welche uns mit gut gemeinten Ratschlägen Hilfen anbieten, die manchmal zu ganz verführerischen Praktiken ausarten können. Kennen Sie das?

Ich erinnere mich sehr gut daran, wie es mir erging, als ich nach meiner ersten Krebs-Operation im Jahre 1984 nach Hause kam. Es besuchten mich viele Bekannte. Einige machten mir besondere Essens-Vorschläge, andere gaben mir Verhaltensmaßregeln auf den weiteren Weg oder boten sogar esoterische Praktiken an und wollten mich zu Meditationsübungen mitnehmen und so weiter.

Schließlich war ich derart irritiert, dass ich gar nicht mehr wusste, was ich tun sollte. Ratlos fragte ich meine Ärztin, doch sie gebot mir mit liebevoller Strenge, derartige Gespräche von vornherein abzulehnen.

«Du weißt deinen Weg, Helga. Geh, wie es dir gezeigt wurde, und lass dich nicht durch die Erfahrungen anderer verführen.»

Diesen Rat habe ich mir gemerkt, und seitdem lebe ich nur aus dieser ganz engen, persönlichen Beziehung zu Jesus Christus.

Wenn das doch auch Frau M. beachtet hätte. Ihr wären gewiss schwere Monate erspart geblieben.

Ich lernte sie nach einem Vortrag über meine Bücher in einer Buchhandlung kennen. Sie hatte interessiert zugehört und bat jetzt um ein Gespräch und ein Gebet. Vor acht Jahren erkrankte sie an Multipler Sklerose. Diese Diagnose war ein furchtbarer Schock für sie. Doch sie hatte einen sehr guten Arzt, der sie medikamentös bestens einstellte. Sie befolgte genau alle ärztlichen Anweisungen. Viele Vitamine sollte sie zu sich nehmen, die verordnete Krankengymnastik half ihr sehr, und so gut es ihr möglich war, sollte sie lange Spaziergänge unternehmen. Sie fühlte sich verhältnismäßig wohl dabei, so dass sie ihre anfängliche Rebellion gegen die Krankheit abgelegt hatte und dieses Leiden sogar annehmen konnte.

Ich denke, dieses Annehmen ist immer ein wesentlicher Faktor, um mit einer Krankheit leben zu können. Ich möchte das mit der Fortsetzung der Geschichte illustrieren: Vor zwei Jahren fand in der Nähe des Wohnortes von Frau M. eine christliche Veranstaltung statt, bei der auch das Gebet für Kranke angeboten wurde. Voller Hoffnung ging sie dorthin, doch man sagte ihr:

«So können Sie nicht gesund werden. Sie müssen lernen, Ihre Krankheit zu hassen. Ja, Sie müssen lernen, sie nicht anzunehmen, sondern dagegen zu rebellieren.»

Voller Wut sollte sie, gemäß dem Rat dieser Leute, die Krankheit immer wieder abwehren und in die Schranken weisen. Das alles war natürlich völlig neu für Frau M., aber sie befolgte diesen Rat und änderte ihr Verhalten. Sie fing an, sich täglich zu sagen:

«Ja, ich hasse meine Krankheit. Ich hasse meine Krankheit. Ich hasse sie.»

Hackfleisch

Parmesan

Tomaten

Salat

Kräuter

2x Milch

Kinderzahncreme

Knoblauch + Zwiebeln

So steigerte sie sich immer mehr in diese Aggressionen hinein und war voller Zorn und Rebellion. Aus war es nun mit ihrem inneren Frieden. Sie fand keine Ruhe mehr, ja, sie redete sich diesen Hass immer mehr ein, und es ging rapide bergab mit ihr. Jetzt war sie so weit, dass sie vor Sorgen und Angst nicht mehr aus noch ein wusste.

«Was soll ich nur tun?» war ihr Hilfeschrei. «Bitte, Frau Anton, beten Sie mit mir.»

Ich war empört, außer mir vor Zorn. Wie kann man eine Kranke nur auf so eine Art und Weise beraten?

Ihr Laufen war immer mühsamer und beschwerlicher geworden, und ständig litt sie unter Schmerzen. Nein, so ging es wirklich nicht mehr weiter. Ich erklärte ihr, wie unmöglich, ja, wie verderblich dieser Rat gewesen war, und bat sie:

«Legen Sie Ihre ganze Rebellion unbedingt bei Jesus am Kreuz ab, damit Sie endlich diese innere Verkrampfung loslassen und wieder frei werden.»

Natürlich war uns allen klar: Dieser furchtbare Hass kam von Gottes Widersacher. Das war seine Waffe, Frau M. zu schlagen, sie zu entmutigen, sie lahm zu legen, ja, sie vielleicht sogar am Glauben zweifeln zu lassen – denn sie war verzweifelt, sie wusste nicht mehr, wie sie weiterleben sollte. Ich riet ihr dringend:

«Kehren Sie um von diesem falschen Weg. Sie werden nur Frieden haben, wenn Sie Ihre Krankheit wieder annehmen. Vertrauen Sie auf Jesus. Er hat alles in seiner Hand.»

So bat sie als Erstes Jesus um Vergebung. Danach handelten wir nach Matthäus 16,19, wo Jesus sagt: «Alles, was du auf Erden binden wirst, soll auch im Himmel gebunden sein, und alles, was du auf Erden lösen wirst, soll auch im Himmel gelöst sein», und banden so die Mächte der Rebellion und des Hasses, die sie wie mit eisernen Riegeln gefangen hielten. So baten wir Jesus, diese Bindungen und alles, was diese Mächte in ihr angerichtet hatten, zu zerstören und dann ihr Unterbewusstsein, ihre Seele, ihr Herz und auch ihre Erinnerungen von diesem feindlichen Gedankengut zu reinigen.

Daraufhin sagte sie sich los von diesen Mächten. Ja, sie wollte wirklich nichts mehr mit ihnen zu tun haben. Und im Namen Jesu geboten wir all diesen Mächten, von ihr zu weichen. Es war erstaunlich und wunderbar, wie verwandelt und völlig frei sie in unserer Mitte saß. Danach beteten wir für ihre Krankheit, dass Jesus das ganze Nervensystem wieder heilen und die Motorik wieder herstellen würde, und baten ihn, das Groß- und Kleinhirn und alle Gehirnkammern und alle Sinnesorgane zu schützen und zu bewahren.

Sie braucht keine Angst mehr zu haben. Sie vertraut Jesus und sagt ja zu seinem Weg. Sie hat ihre Krankheit wieder angenommen. Ich weiß, sie ist ganz geborgen in Jesus, weil er sie trägt und ihr seinen tiefen Frieden wieder geschenkt hat. Er ist unser Heiland, er lässt sie nicht allein. Das ist unsere Gewissheit. Dank sei ihm dafür.

Aber er lässt auch uns nicht allein. Das ist seine Verheißung, zu der er steht. Er sorgt und wacht über uns, selbst wenn wir es oft erst viel später erkennen.

So durfte es auch unser Bodo vor einiger Zeit erfahren. Er erschien wie üblich in unserer Gruppe, doch wir schauten überrascht auf.

«Bodo, warst du beim Frisör? Was hast du mit deinem schönen, vollen, lockigen Haar gemacht?»

«Nun ja, ich musste es schneiden lassen. Bei dieser Hitze war es mir einfach zu lästig.»

Ja, es waren wirklich sehr heiße Sommertage, aber er lächelte uns ganz verschmitzt an und sagte:

«Ich habe etwas Wunderbares erlebt, das muss ich euch erzählen.»

Bodo hat einen sehr großen Garten und hatte längere Zeit den Rasen nicht gemäht, so dass das Gras schon sehr lang geworden war. Am letzten Sonnabend hatte Bodo endlich Zeit gefunden, um diese Arbeit in Angriff zu nehmen. «Muss das wirklich sein bei dieser Hitze?» fragte er sich ... Aber nun ja, er würde in der nächsten Woche ja auch nicht dazu kommen. Also holte er seine Motorsense und machte sich an die Arbeit. Er hatte schon ziemlich viel abgemäht, als er sich im Stillen freute:

«Na, eine halbe Stunde brauche ich vielleicht noch, dann bin ich fertig.»

Doch plötzlich gab es einen lauten Knall und das Schutzblech fiel von der Sense herunter.

«So ein Pech», schimpfte er in sich hinein, «wo ich doch bald mit der Arbeit fertig gewesen wäre.»

Also versuchte er, den Schaden zu reparieren, doch vergeblich. Was tun?, fragte er sich. Sollte er etwa ohne Schutzblech weiterarbeiten? Nein, das Risiko wäre zu groß gewesen. Aber woher jetzt einen Handwerker nehmen? Außerdem waren an einem Sonnabend Nachmittag die Geschäfte geschlossen, so dass er auch kein neues Schutzblech kaufen konnte. Da musste er also notgedrungen diese Arbeit beenden und den Rest des Rasens so belassen. Das gefiel ihm gar nicht. Er hätte doch noch zu gern die Arbeit zu Ende geführt. Doch ohne Schutzblech durfte er nicht weiterarbeiten, das war ihm klar. Das wäre zu gefährlich gewesen. Also musste er alles stehen und liegen lassen und ging ins Haus.

Nach einer Weile bekam er sehr starke Kopfschmerzen.

Nanu, wieso das? Vorhin ging es ihm doch noch gut! Er saß ganz ruhig im Zimmer, und plötzlich spürte er, wie ihm sehr übel wurde. Ja, nach einer Weile musste er sogar erbrechen und bekam Schüttelfrost. Da endlich wurde es ihm und seiner Frau bewusst, dass er einen Sonnenstich hatte. Und was wäre gewesen, wenn das Schutzblech nicht abgefallen wäre und er noch eine halbe Stunde in der Hitze weitergearbeitet hätte? Nicht auszudenken. Er hätte sicher einen Hitzschlag bekommen, da er ja seinen natürlichen Schutz, sein volles Haar, hatte abschneiden lassen.

Wir konnten wieder einmal nur staunen und waren voller Dankbarkeit, wie unser großer Gott eingegriffen hat. Denn das war uns allen bewusst: Jesus hat Bodo bewahrt und beschützt. Er hat ihm diese Arbeit aus der Hand genommen und ihn damit vor schlimmen Folgen bewahrt.

Wie wunderbar sind doch die Wege unseres Herrn!

Wie sind wir reich, indem wir wissen dürfen: Er ist immer da, er lässt uns nicht, er sorgt für uns, so wie es für uns am Besten ist. Dank sei ihm dafür.

Das durfte auch Karl, der Mann einer guten Freundin, erleben.

Er arbeitet in einer Firma, die etwa zweihundertfünfzig Kilometer von hier entfernt liegt. Da seine Familie noch hier oben in Schleswig-Holstein wohnt und auch seine Frau ihren Beruf hier ausübt, kommt er stets nur zum Wochenende nach Hause. Ich denke, wir alle können uns vorstellen, wie sehr er sich auf diese kurzen freien Tage freut, an denen er ausnahmsweise mal nichts von der Firma hören will und nur ausspannen und richtig abschalten möchte. Gar zu gern geht er dann auf einen Reiterhof, weil er Pferde sehr liebt und im Reiten einen gesunden Ausgleich für seinen anstrengenden Beruf findet.

So war es auch an einem Wochenende im Januar. Schon während der langen Heimfahrt hatte er sich sehr gefreut, am nächsten Tag ausreiten zu können. Die Ruhe und die frische, klare Winterluft würden ihm bestimmt sehr gut tun.

Doch diesmal kam alles anders. Plötzlich scheute das Pferd – und warf ihn ab. Und zwar so unglücklich, dass er mit dem Kopf irgendwo sehr hart gegenschlug. War es ein Gitter oder ein großer Stein? Heute weiß man das nicht mehr, aber der Helm hatte eine tiefe Delle, und Karl war für eine ganze Weile bewusstlos.

Nachdem er das Bewusstsein wiedererlangt hatte, ging er nach Hause. Der Schock saß ihm doch sehr in den Gliedern. Und für dieses Wochenende war es aus mit dem Reiten. Offensichtlich war jedoch nichts weiter passiert, so dass er am nächsten Tag die zweihundertfünfzig Kilometer zu seiner Firma zurückfuhr.

Allerdings rief mich seine Frau Eva an. Sie war doch sehr besorgt. Und wir haben gebetet, dass Jesus Karl schützen und bewahren möchte und vor allem verhindern solle, dass bei dem Unfall ein ernster Schaden entstanden war.

Auch am nächsten und sogar am übernächsten Wochenende kam Karl diese weite Strecke nach Hause gefahren, doch da er nie über irgendwelche Schmerzen klagte, hoffte Eva, es sei alles gut verlaufen.

Aber an einem Mittwoch, dreieinhalb Wochen nach diesem Unfall, bekam Karl plötzlich rasende Kopfschmerzen. Sie blieben auch am Donnerstag. Trotzdem setzte er sich am Freitag in sein Auto, um nach Hause zu fahren. Doch die Schmerzen nahmen zu und wurden mittlerweile so stark und unerträglich, dass er, ohne erst zur Wohnung zu fahren, kurz vor dem Ziel in ein Krankenhaus fuhr.

Dort wurde sofort eine Kernspin-Untersuchung vorgenommen, und man stellte fest, dass er eine Gehirnblutung hatte. Die Ärzte standen vor großen Fragen. Wie konnte dieser Mann so eine Autofahrt noch überleben, zweihundertfünfzig Kilometer weit? Das war wirklich ein Wunder! Was hätte unterwegs alles passieren können! Wenn er ohnmächtig geworden und das Auto wer weiß wohin gerast wäre – nicht auszudenken.

Nach dieser Diagnose wurde Karl auf schnellstem Weg liegend ins nächste Krankenhaus transportiert, das auf Kopf-Operationen spezialisiert war. Dort wurde sofort eine Not-Operation vorgenommen und der Kopf aufgemeißelt. Dann legte man eine Drainage, damit endlich das Blut abfließen konnte.

Inzwischen hatte man Eva informiert. Können Sie sich vorstellen, was für ein Schock es für sie und ihre Kinder war? Sie warteten ja zu Hause auf die Ankunft des Vaters, zumal die Tochter Geburtstag hatte, und der sollte ja gefeiert werden. Und nun diese Nachricht!

Sie alle waren wie gelähmt. Eva rief mich sofort an.

«Oh Helga, lass uns beten. Es ist etwas Entsetzliches passiert.»

Außer sich vor Angst und Sorge erzählte sie die ganze Geschichte und fragte angesichts der Tatsache, dass alles irgendwie glimpflich abgelaufen zu sein schien:

«Sag mal, Helga, hast du etwa für uns gebetet?»

«Ja, natürlich, ich bete jeden Tag für euch.»

Jesus hatte also schützend seine Hände über Karl gehalten. Da konnten die Ärzte und auch wir nur über dieses Wunder staunen, das da geschehen war. Und wir beteten am Telefon gleich weiter für die gerade laufende Operation. Sie gelang so gut, dass Karl schon nach zwei Tagen von der Intensivstation in ein normales Zimmer verlegt werden konnte. Es waren keine Komplikationen aufgetreten, so dass Eva und die Kinder ihn schon am Tag danach besuchen durften. Er war bei vollem Bewusstsein. Nichts, aber auch gar nichts hatte gelitten. Alle Reaktionen waren normal, und sein Verstand arbeitete wie immer. Wir alle konnten nur voller Staunen unserem großen Gott danken.

Wie hat er alles wunderbar geführt und Karl durch diese schwere Zeit hindurchgetragen. Die vollständige Heilung dauerte nur wenige Wochen, so dass Karl schon bald seinen Dienst wieder aufnehmen konnte.

Da kann man wirklich nur Danke sagen. Wie groß ist unser Herr!

Ja, Jesus kümmert sich wirklich um alle Dinge. Was auch immer uns auf der Seele brennen mag, wir dürfen ihn jederzeit anrufen. Aber dann müssen wir auch gehorchen und seine Hilfe annehmen.

Ich kann mir vorstellen, dass es vielen Lesern so geht wie vor einiger Zeit unserer Irene. Deshalb möchte ich gern ihre kleine Geschichte erzählen – Ihnen zur Hilfe oder auch zur Ermutigung. Urteilen Sie selbst, wenn Sie betroffen sind, und wagen Sie einen Versuch. Mit Jesus werden Sie es schaffen:

Irene war eine starke Raucherin. Ach, wie gerne hätte sie dieses Laster längst aufgegeben. Lange Zeit hatten wir schon darum gebetet, und mehrfach hatte sie einen Anfang gemacht, doch immer wieder war sie rückfällig geworden. Die Sucht war einfach zu stark. Aber jetzt sollte es ernst werden, und seit vierzehn Tagen hatte sie mit dem Rauchen aufgehört. In der ersten Woche fiel es ihr gar nicht schwer.

Doch nun, in der zweiten Woche, litt sie unter sehr starken Kopfschmerzen. Sollte sie ihren Versuch etwa aufgeben? Aber nein, stattdessen bat sie um Gebet. Wir beteten und banden als Erstes diese Sucht des Rauchens im Namen Jesu Christi. Er möchte diese Bindungen und diese Zwänge, die sie immer wieder verführten, doch mit der Schärfe seines Schwertes zerschlagen. Irene sagte sich daraufhin los vom Rauchen, und wir baten Jesus, dass er die Verengungen aller Gefäße und der Nerven wieder ganz frei machen und die mangelhafte Durchblutung heilen möchte.

Doch dann standen mir plötzlich diese schwarzen Lungen vor Augen, so dass ich ihn nur bitten konnte, er möchte doch auch aus diesen schwarzen Lungen die Teermasse herauslösen, so dass auch sie endlich wieder rein und ohne Verklebung sein durften. Steht doch im 1. Korinther 6,19: «Oder wißt ihr nicht, daß euer Leib ein Tempel des heiligen Geistes ist?»

Ja, was für ein Haus bieten wir Jesus denn an? Etwa eins mit Teer verschmierten, schwarzen Lungen? Nein, Irene hatte erkannt, so soll es nicht sein. Das gab ihr neuen Mut. Dann beteten wir gegen ihre furchtbaren Kopfschmerzen. Jesus möchte doch ihre Blutgefäße aus aller Verkrampfung lösen, damit das Blut sich nicht so staut und dieses wilde Pulsieren, dieser unerträgliche Druck endlich aufhören möchte. Danach beteten wir für ihren Nacken, dass die Gefäße und Nerven, die aus der Wirbelsäule hervortreten, nicht mehr gedrückt und eingezwängt, sondern völlig entkrampft und frei seien. Und im Namen Jesu geboten wir allen Schmerzen zu weichen.

Und Irene spürte, wie der Druck nachließ, ja, wie sie frei wurde. Sie sagte, sie hätte vom Kopf bis in die Fußspitzen hinein deutlich ein Prickeln verspürt. So mächtig hatte Jesus gewirkt und ihren ganzen Körper mit seiner heilenden Kraft durchströmt. Da fiel es ihr leicht, auf das Rauchen zu verzichten. Und sie bekennt heute fröhlich, dass Jesus sie frei gemacht hat von dieser Sucht und dass sie sich jetzt viel wohler fühlt als früher. Ja, so ist unser Herr.

Wie leicht lassen wir uns verführen, und die Ausrede – «Ach, das tun doch alle!» – ist meistens gar schnell bei der Hand.

Aber wie schwer ist es, da wieder rauszukommen! Doch mit Jesu Hilfe geht es. Das durfte auch Frau R. voller Dankbarkeit erleben:

Sie rief mich an und schüttete mir sofort ihr Herz aus. Sie ist dreißig Jahre alt, hat lange Zeit in der Drogenszene gelebt und machte jetzt gerade eine Entziehungskur. Irgendjemand hat ihr eines meiner Bücher geschenkt. Sie hat es nicht aus der Hand legen können. Es hat sie ziemlich aus der Fassung gebracht. Ja, es hat sie gepackt.

«Ich muss frei werden, ich muss Jesus kennen lernen», das war ihr Verlangen. Ihr war ganz klar geworden, ohne Jesus gab es keinen Weg zu Gott und keine Rettung für sie.

Sie hatte früher bereits von Jesus gehört, auch die Bibel war ihr nicht fremd, aber im Laufe der Jahre hatte sie sich weit davon entfernt. Ich erzählte ihr am Telefon, was es heißt, Jesus das Leben zu übergeben. Loslassen heißt: Das alte Leben am Kreuz ablegen und Jesus unsere Gedanken, unsere Erinnerungen, unsere Wünsche und unseren Willen unterstellen und ihm alle Bereiche unseres Lebens und unsere lieb gewordenen Gewohnheiten abgeben. Dazu gehört: Ihn Herr sein lassen in unserem Leben, ihm gehorchen, ihm allein dienen wollen und uns von ihm verändern lassen.

Das alles erzählte ich ihr in ganz großer Liebe, aber mit Eindringlichkeit am Telefon. Ja, sie wollte nur Jesus haben. Wir beteten zusammen. Dabei legte sie Jesus ihre ganze Sünde und Schuld hin. Und in seinem Namen durfte ich ihr die Vergebung zusagen. Sie gab Jesus ihre Drogenabhängigkeit ab, und wir banden diese Mächte in seinem Namen – diese satanischen Mächte, die sie so gefangen hielten und nicht mehr loslassen wollten. Wir baten Jesus, diese Bindungen und Fesseln zu zerschlagen und zu zerschneiden und Frau R. freizusetzen.

Wir baten Jesus, alles, was sie an Verletzungen und Wunden mit sich herumschleppte, zu heilen, ihr Unterbewusstsein, ihre Sinne, ihr Herz, ihre Gedanken und Erinnerungen zu reinigen und ihr altes Leben an seinem Kreuz mit in den Tod zu nehmen. Dann sprach ich ihr Zeile für Zeile ein Lebensübergabegebet vor, ganz auf sie und ihre Situation abgestimmt, und bat Jesus, sie zu verändern, sie mit seiner Kraft und seinem Heiligen Geist zu füllen. Und Wort für Wort sprach sie mir die Worte nach. Ich spürte, wie sie am anderen Ende der Leitung wirklich zerbrochen war. Aber gerade dann macht Jesus ja einen Neuanfang.

Das durfte sie erleben! Da konnten wir Jesus gemeinsam bitten, in ihr Herz zu kommen, ihr Herr zu sein, das alte Leben völlig wegzunehmen und ihr das neue Leben mit ihm zu schenken. Ja, ich durfte ihr die Gotteskindschaft zusagen, und es geschah auf diese Weise eine große Befreiung. Ich war selbst ganz überwältigt.

So wunderbar ist unser Herr. Er hat sie geheilt und machte sie ganz neu. Da war ich ganz sicher.

Drei Wochen später traf ich sie in einer größeren Stadt. Sie war völlig verändert. Sie kam mit ihrer Bibel und las täglich darin. Sie betete. Ja, sie ist frei geworden. Ein ganz neues Menschenkind, ein Gotteskind. Danke, Herr Jesus.

Was ist das für ein Geschenk, für eine Gnade, unseren großen Gott so zu erleben. Ich staune nur immer wieder, dass er sich uns kleinen Menschenkindern so zeigt. Wie er eingreift und hilft und spürbar gegenwärtig ist. Das zu erleben ist etwas unendlich Kostbares. Ich möchte wirklich mit nichts und niemandem in der Welt tauschen. So dankbar bin ich, dass er mich in diesen Dienst gerufen hat.

Nach einem Vortrag in einer größeren Stadt kam ein Mann auf mich zu und bat um Gebet. Er hatte seit längerer Zeit einen Bandscheibenschaden und litt unter furchtbaren Rückenschmerzen, so dass er arbeitsunfähig war. Er erzählte:

«Wir haben schon oft um Heilung für meinen Rücken gebetet, ich war auch bei etlichen Ärzten. Aber glauben Sie, ich werde jemals gesund? Dabei möchte ich doch so gerne wieder arbeiten können. Bitte beten Sie für mich!»

Auf meine Rückfrage hin erklärte er, dass er, als er zum Glauben gekommen war, mit einem Seelsorger zusammen alle okkulten Bindungen vor Jesus gebracht und sich auch davon losgesagt habe.

«Damals haben wir wirklich mein ganzes Leben, alle Sünde und alle Schuld vor Jesus bekannt und bereinigt. Ich begreife es nicht, warum werde ich bloß nicht heil?»

«Kommen Sie», reagierte ich, «lassen Sie uns beten.» Ich spürte einfach, da musste noch etwas sein.

«Bitte, Herr, decke es auf», war mein inniges Gebet. Danach erzählte er, er hätte gern noch mehr Geschwister gehabt. Doch seine Mutter wollte keine Kinder mehr haben und hatte zwei Abtreibungen vorgenommen. Ich erschrak zutiefst und fragte ihn:

«Haben Sie das vor Jesus bekannt? Ist diese Schuld vergeben?»

«Nein», antwortete er, «ich habe es ja nicht getan.»

«Sicher», meinte ich, «Sie haben Recht. Aber es ist trotzdem möglich, dass das Ganze Sie psychisch noch sehr belastet und die Vergangenheit

Sie nicht in Ruhe lässt. Werfen Sie doch diesen ganzen Ballast, den Sie auf Ihren Schultern mit sich herumschleppen, an Jesu Kreuz ab, und bitten Sie ihn, dass er Sie davon befreit.»

Er war doch sehr betroffen, dass ihn diese Schuld der Mutter noch so belastete und er ganz offensichtlich in dieses Familienmuster einbezogen war. Er bat Jesus um Befreiung davon. Und er vergab auch seiner Mutter, die diese Last auf ihn gelegt hatte. Schon kurz danach spürte ich, welche Verwandlung in ihm vorging. Glücklich lächelnd saß er da.

«Ja», sagte ich, «diese Not ist von Ihnen genommen. Sie sind in Jesu Namen frei für alle Zeit.»

Danach beteten wir, dass Jesus auch seine Wirbelsäule heilen und ihn von diesen rasenden Schmerzen befreien möchte. Völlig entspannt saß er neben mir. Dann reckte und streckte er sich und strahlte mich an. «Und nun bitten wir Jesus noch um einen neuen Arbeitsplatz.» Wir beide waren eins im Glauben an Jesus Christus und in der Gewissheit, er würde auch dieses Gebetsanliegen erhören.

Voller Dankbarkeit gingen wir auseinander.

Sechs Wochen später rief er mich an.

«Denken Sie nur, Frau Anton, meine Wirbelsäule ist heil, ich bin frei von allen Schmerzen und Beschwerden. Und – ich habe heute einen Vorstellungstermin bei einer Behörde. Bitte lassen Sie uns beten, dass ich diese Anstellung bekomme.»

Er hat sie bekommen, und wir sind überglücklich. Ja, er ist unendlich dankbar für alles, was Jesus an ihm getan hat. Unser Herr steht zu seinen Verheißungen! Er sorgt für uns!

Ich denke, wir alle erkennen, wie wichtig es für diesen Mann war, sich unter die Schuld der Mutter zu beugen und sie zu bekennen, damit er endlich von diesen Familienmustern befreit leben konnte. Hier brauchte es Vergebung. Er erkannte, dass dies der einzige Weg zu seiner inneren und äußeren Heilung war. Doch wie viele Menschen tun sich sehr schwer damit, denen zu vergeben, die ihnen weh getan und viel Schweres aufgebürdet haben. Bedenken wir: Jesus hat uns doch auch all unsere Schuld, die wir vor ihn gebracht haben, vergeben. Ja, nicht nur das, sie ist auch vergessen für Zeit und Ewigkeit. Heißt es doch in Jesaja 44,22: «Ich tilge deine Missetat wie eine Wolke und deine Sünden wie den Nebel. Kehre dich zu mir, denn ich erlöse dich!»

Sagen Sie selbst, das ist doch so unfassbar groß – begreifen kann man diese Gnade unseres Herrn nicht. Wir können sie nur im Glauben annehmen, denn er steht zu seinem Wort. Darum sollte es uns auch ein Kleines sein, denen zu vergeben, die uns viel Leid zugefügt haben. Beten wir doch im Vaterunser: «... und vergib uns unsere Schuld, wie auch wir vergeben unseren Schuldigern.»

Und genau das musste bei unserem Erich geschehen, damit er ganz heil wurde.

Als Siebzehnjähriger hatte er einen sehr schweren Berufsunfall erlitten, bei dem er sich den siebten Halswirbel gebrochen hatte. Seitdem litt er oft unter sehr starken Kopfschmerzen. Jeder Witterungsumschwung war für ihn eine Katastrophe. Meistens wurden die Schmerzen für ihn dann so unerträglich, dass er nach seinem Dienst gar nicht in der Lage war, noch nach Hause zu fahren, sondern hier in der Stadt bei Verwandten übernachtete. Was war das für eine Leidenszeit für ihn! Jahrzehnte hindurch ging es so.

Inzwischen hatte man bei einer Röntgenaufnahme festgestellt, dass sich zwischen dem angebrochenen und dem nächsten Wirbel ein neuer Knochen gebildet hatte, der den beiden beschädigten Wirbeln einigen Halt gab.

Vor etwa zwei Jahren hatten wir uns kennen gelernt. Seitdem drängte Erichs Frau:

«Geh doch mal zu Helga, damit ihr zusammen betet.»

Aber – wie es oft so ist – er ging erst noch einmal zu einem Arzt. Und Erich war höchst erstaunt über dessen Aussage, nachdem er die Röntgenbilder angeschaut hatte:

«Es ist ja unmöglich, dass Sie keine Kopfschmerzen haben. Sie müssen doch unerträgliche Kopfschmerzen haben!»

Ja, der Arzt war äußerst überrascht, dass Erich immer wieder Zeiten hatte, in denen er sogar schmerzfrei war. Doch eines Tages waren die Schmerzen wieder unerträglich. Und jetzt rief er mich aus der Firma an.

«Kann ich kommen, würdest du für mich beten? Meine Schmerzen sind nicht mehr auszuhalten.»

Er kam sofort und erzählte seine ganze Leidensgeschichte. Doch es kam noch etwas hinzu. Sein Vater lebte mit ihm und seiner Frau im gleichen Haus, seit die Mutter nicht mehr da war. Und da gab es Reibereien, Streit und Bitterkeit.

Der Vater war von der Voraussetzung ausgegangen, wenn er schon bei seinem Sohn wohne, müsse doch auch den ganzen Tag jemand bei ihm sitzen. Ja, er hatte sich wirklich eingebildet, es müsse sich immer jemand mit ihm beschäftigen. Er hatte keinerlei Verständnis dafür, dass auch die Hausarbeit, das Kochen und dergleichen erledigt werden musste. Und er wurde erst recht böse, wenn die Schwiegertochter zum Einkaufen ging und ihn allein ließ oder wenn sie auch noch außerhalb diverse Arbeiten zu erledigen hatte. Nein, das sah er nicht ein.

Da gab es lautstarke Diskussionen. Die Unzufriedenheit wuchs, und allen Beteiligten wurde dieses Zusammenleben zu einer schweren Last. Sie litten sehr unter dieser verklemmten Beziehung, und eine bittere Mauer stand zwischen ihnen. Das müsse alles bereinigt werden, ermahnte ich Erich liebevoll.

«Bitte, lege es ans Kreuz, du lebst ja wie in einem Gefängnis. Bitte vergib deinem Vater, damit auch du endlich wieder frei und heil wirst.»

Und Jesus schenkte ihm die Kraft, diese ganze Last loszulassen und an seinem Kreuz abzulegen. Ich spürte wohl, welcher Kampf sich in seinem Inneren abspielte, doch endlich rang er sich dazu durch, seinem Vater zu vergeben. War das eine Befreiung für ihn!

Dann beteten wir für die Heilung seiner Migräne. Dass Jesus die ganze Verkrampfung in seinen Nerven und den Blutgefäßen lösen möchte, damit kein Stau mehr die Durchblutung des Kopfes blockieren könnte und dieses wilde Pulsieren des Blutes endlich aufhören würde. Auch geboten wir im Namen Jesu den Schmerzen zu weichen – und es geschah. Er reckte und streckte sich, wohlige Wärme durchströmte seinen Körper, er war wie erleichtert. Wir konnten unserem Herrn nur aus tiefstem Herzen Dank sagen. Als Erich sich verabschiedete, meinte er:

«Weißt du, ich brauche heute nicht bei meinen Verwandten zu übernachten, ich werde jetzt nach Hause fahren zu meiner Frau. Ich weiß, ich bin heil.» Aber als er eine halbe Stunde gefahren war, überfiel ihn eine derart bleierne Müdigkeit, dass es absolut unverantwortlich gewesen wäre, in diesem Zustand weiterzufahren. So parkte er auf einem Rastplatz. Diese ganze Befreiungsaktion hatte ihn derart viel Kraft gekostet, dass er erschöpft seinen Kopf auf das Lenkrad legte und sofort fest einschlief. Erstaunlicherweise wurde niemand auf ihn aufmerksam, keiner störte ihn. Doch als er nach eineinhalb Stunden aufwachte, war er völlig frisch und gesund, so dass er fröhlich seine Fahrt fortsetzen konnte und nach einer weiteren halben Stunde endlich zu Hause ankam.

Inzwischen sind eineinhalb Jahre vergangen, und er hat es mir soeben erneut bestätigt:

«Ich bin völlig gesund. Ich habe keinen einzigen Migräne-Anfall mehr gehabt.» Er bekennt immer wieder freudig, wie Großes der Herr an ihm getan hat.

Wir aber erkennen an diesem Beispiel, wie notwendig es für uns ist, unserem Nächsten zu vergeben. Warum fällt es uns nur so schwer, die enttäuschenden Erfahrungen zu vergeben und loszulassen? Stattdessen häufen wir so oft Beleidigungen, Hass, Bitterkeit und die Verletzungen verschiedenster Art in uns auf und leiden selbst am allermeisten unter der Last, die wir mit uns herumschleppen. Dann sind wir oft innerlich so verkrampft, dass Depressionen, Ängste oder sonstige schwere Erkrankungen die Folge sein können. Davon kann uns wirklich nur Jesus heilen.

Das durfte auch Herr F. erfahren, der eines Tages hier zum Gebet erschien, weil er seit seinem fünfzehnten Lebensjahr sehr unter einer Neurodermitis litt, die sich mittlerweile über sein Gesicht, die Ellbogen und auch über die Beine ausgebreitet hatte. In meinem dritten Buch habe ich erzählt, dass nach meiner Erfahrung Neurodermitis als Folge irgendwelcher zurückliegender Bindungen auftreten kann. Deshalb war ich natürlich sehr wachsam und bat Herrn F., erst einmal aus seinem Leben zu erzählen.

Darauf war er offensichtlich vorbereitet. Denn er hatte sehr sorgfältig auf vier Briefbögen vier Themenbereiche aus seinem Leben aufgeschrieben, die er mit mir durchbeten wollte, um von Jesus Befreiung und Hilfe zu erfahren.

Der erste Bereich betraf die Familienmuster, die sich tatsächlich von Generation zu Generation wiederholten. Die Ur-Großmutter hatte versucht, den Ur-Großvater mit einem Messer zu erstechen. Seitdem traten in allen Generationen Depressionen, furchtbare Ängste und Selbstmordversuche auf. Außerdem gab es kaum eine glückliche Ehe. Fast überall war Ehebruch im Spiel, selbst die Ehe seiner Eltern war so zerrüttet, dass sie schon getrennt lebten.

Ihm war klar, so konnte es nicht weitergehen. Aus diesem Muster musste er herauskommen, aus diesem Muster wollte er ausbrechen. Diese belastende Vergangenheit musste im Namen Jesu gebunden werden, und nachdem er alle Schuld vor Jesus bekannt und ihn um Vergebung gebeten hatte, wurden diese Bindungen im Namen Jesu zerschnitten, damit er und seine Familie endlich frei waren.

Danach kam der ganze okkulte Bereich an die Reihe. Ich war sehr erschrocken. Was wurde da in dieser Familie alles praktiziert! Mit welchen Mächten hatte sie sich nur eingelassen? Es war erschütternd und für mich völlig klar, weshalb Herr F. so sehr unter dieser Neurodermitis litt und von furchtbaren Ängsten gepackt wurde. Er war auch nicht in der Lage, klare Entscheidungen zu treffen, sondern wurde immer wieder von großen Zweifeln hin und her gerissen.

«Das alles muss ich loswerden. Ach bitte, Frau Anton, beten wir doch, dass ich frei werde.»

Etliche Familienmitglieder gehörten zu den Freimaurern, ja, er selbst war sogar ein Bündnis mit ihnen eingegangen. Andere betrieben Transzendentale Meditation und gehörten Sekten an. Außerdem wurde Wahrsagerei in den verschiedensten Arten praktiziert.

«So kann ich nicht mehr weiterleben. Da muss ich raus!»

Das war sein Hilfeschrei. Wir stellten uns alle unter den Schutz des Blutes Jesu, und in seinem Namen banden wir alle diese Mächte. Und Punkt für Punkt sagte er sich los davon, so dass wir allen im Namen Jesu geboten, von ihm zu weichen. Jesus hat diese Mächte besiegt. Jesus ist der Herr, und seinen Sieg verkündigten wir über dem Leben von Herrn F.

Ja, er ist frei, und doch stand mir während der ganzen Zeit noch ein anderes Wort vor Augen: «Unversöhnlichkeit.» Deshalb musste ich ihn alsbald fragen:

«Wem haben Sie nicht vergeben?»

«Warum?», sagte er. «Es ist doch alles in Ordnung.»

«Nein», rief ich und beharrte darauf. Ich wusste genau, es gab jemanden, dem hatte er nicht vergeben. Ganz tief in seinem Inneren mussten noch Verletzungen sein. Da wand er sich und wehrte sich gegen das Aufkommen der Wahrheit. Ihm kamen die Tränen. Ich spürte seinen Kampf.

«Nein», schrie er, «ich kann nicht!»

Ganz ruhig und liebevoll sagte ich:

«Sie werden aber nicht frei, wenn Sie nicht vergeben. Wer ist es, den Sie in Ihrem tiefsten Unterbewusstsein so sehr hassen?»

Er wand sich wieder, krümmte sich, weinte laut, stieß unartikulierte Worte aus.

Es war durchdringend und erschütternd. Er konnte nicht, nein, er wollte auch nicht. Es war ein furchtbarer Kampf. Dann endlich stieß er hervor:

«Mein Vater!»

Er schrie und stammelte, nein, seinem Vater könne er nicht vergeben. Und plötzlich brach alles aus ihm hervor, was ihn seit Jahrzehnten gefangen hielt. Er war ein ungewolltes Kind. Seine ganze verlorene Kindheit, er hatte sie teils in Heimen, teils bei Verwandten zugebracht. Nein, das konnte und wollte er nicht vergeben und auch nicht vergessen. Und der Widersacher Gottes zerrte an ihm und ließ ihn nicht los. Da stand mir plötzlich das Gleichnis vom Schalksknecht vor Augen (Matthäus 18,21–35).

«Wenn Sie Ihrem Vater nicht vergeben, wird auch Gott seine Gnade wieder von Ihnen abziehen. Jesus hat Ihnen doch Ihre ganze Schuld vergeben – bitte vergeben Sie Ihrem Vater, damit Sie endlich ganz heil und frei werden.»

Mir stand Maleachi 3,24 vor Augen, wo es heißt: «Der soll das Herz der Väter bekehren zu den

Söhnen und das Herz der Söhne zu ihren Vätern, auf daß ich nicht komme und das Erdreich mit dem Bann schlage.»

Ich schwieg und betete still. Er aber weinte, schrie laut und durchdringend und kämpfte. Ich konnte nur Jesus bitten: «Hilf ihm, hilf, dass er es endlich loslässt. Erbarme dich seiner.»

Dann brach der Mann zusammen und fasste mühsam ringend die Vergebung in Worte. Der Feind musste ihn loslassen. Die Bindung war so offensichtlich und so stark gewesen, doch jetzt warf sich Herr F. plötzlich wie befreit zurück, lachte und jubelte voller Freude:

«Ich bin frei. Die Riegel sind zerbrochen. Ja, ich bin frei.»

Und fröhlich rief er aus:

«Nun brauchen wir den dritten und den vierten Bereich gar nicht mehr anzuschauen. Das ist jetzt alles in Ordnung.»

Ja, Jesus hat ihn wahrhaft heil gemacht. Da konnte der Mann ihn nur noch voller Freude loben und ihm danken.

Was haben wir für einen großen Gott!

«Danke, danke», brach es immer wieder aus ihm hervor. «Oh Jesus, was hast du alles an mir getan!»

Er konnte nur noch staunend und stammelnd Jesus anbeten.

Wenn wir so eine Befreiung erfahren und die Vergangenheit hinter uns gelassen haben, fühlen wir uns nicht nur wie ein neuer Mensch, nein, wir sind es auch. Frei sein von Sünde und Schuld, von allen Belastungen und Sorgen, die uns jahrzehntelang erdrückt haben, das schenkt uns ein völlig neues Lebensgefühl.

Eine sehr weise alte Bibelschullehrerin sagte einmal zu uns:

«Wir können uns nicht dagegen wehren, dass Gedanken, Sorgen und Ängste über uns und zu uns kommen, aber wir können verhindern, dass sie sich in uns einnisten. Wir dürfen es nicht zulassen, dass sie Raum in uns gewinnen, weil doch Jesus in uns lebt. Er ist der Herr und trägt uns durch alles Leid hindurch.»

Wenn das doch auch nur Frau G. angenommen hätte. Ihr wäre manche Sorge und viel Angst erspart geblieben. Sie kam, weil sie ihre Ehe nicht mehr ertragen konnte und sich von ihrem Mann getrennt hatte. Sie war am Ende ihrer Kraft und wollte nichts mehr hören und sehen. Sie wollte nur noch allein sein. Aus diesem Grunde hatte sie sich in einer sehr einsamen Gegend ein Haus gekauft, weit weg von ihrem bisherigen Wohnort, auch weit entfernt von ihrem Arbeitsplatz. Sie hatte nur eine Sehnsucht: allein sein.

Doch leider ging ihre Rechnung nicht auf. Sie hatte sehr um dieses Haus gekämpft, denn die bisherigen Bewohner wollten es nur ungern räumen. Es waren mehrere junge Leute, die auf Grund der einsamen Lage des Hauses dort nächtelang Feste gefeiert hatten, da ja niemand durch ihre laute Musik gestört wurde. Auch wurden dort okkulte Praktiken betrieben, ja, das Haus soll ein Sammelpunkt gewesen sein für so vieles, was die Welt an Negativem zu bieten hat.

Vor vier Monaten hatte sie endlich dieses Haus erwerben können, doch inzwischen war schon zweimal bei ihr eingebrochen worden. Panische Angst erfüllte sie seitdem. Da konnte wirklich nur

Jesus helfen. Das hatte sie anhand von einem meiner Bücher erkannt und bat deshalb darum, dass ich mit einigen Betern zu ihr kommen und in dem Haus beten möchte.

So machten wir uns eines Tages zu viert auf den Weg dorthin, stellten uns und unsere Angehörigen als Erstes unter den Schutz des Blutes Jesu, so dass wir für diesen Einsatz gut gerüstet waren. Doch die erste Schwierigkeit bestand schon darin, das Haus überhaupt zu finden. So einsam lag es. Und die Männer, die wir fragten, weil sie dort arbeiteten, kannten nicht einmal den Namen von Frau G., geschweige denn ihre Adresse. Da kam sie uns endlich entgegengelaufen, weil wir uns auf der Suche nach ihr verspätet hatten.

Schon als wir das Haus betraten, schlug uns eisige Kälte entgegen. Nicht etwa äußerlich spürbar, denn es war ein heißer Sommertag, nein, aber es schien ein totes Haus zu sein. Und wir spürten den Frost bis ins Innerste.

Nachdem wir in der großen Küche, die zugleich der untere Wohnraum zu sein schien, Platz genommen hatten, sahen wir uns erst einmal um. Durch eine Glastür konnte man direkt in den Garten gelangen. Er lag in hellem Sonnenlicht und zeigte uns eine Überfülle der herrlichsten Blumen. Was für ein Gegensatz zu der eisigen Atmosphäre im Inneren des Hauses.

Dort erzählte ich erst einmal von Gottes großer Liebe, die in Jesus Christus zu uns Menschen gekommen ist. Ja, ich erklärte Frau G. in einfachen Worten das ganze Evangelium, dass nur Jesus Christus ihr helfen und sie von der Angst befreien kann, da er die Angst überwunden hat und uns Frieden schenken will. Er allein hat den Tod und alle Ängste besiegt und hat denen, die ihm vertrauen, gesagt: «Ich lebe, und ihr sollt auch leben» (Johannes 14,19). So dass wir auf Grund dieser Verheißung schon jetzt sicher in seinem Schutz und Frieden leben dürfen.

Sehr interessiert hatte Frau G. zugehört, auch einige Zwischenfragen gestellt, deren Beantwortung in ein sehr intensives Gespräch über Glaubensfragen führte. Sie erkannte, dass sie ohne Jesus verloren ist, ja, dass sie an ihm nicht vorbeikommt. Aber ihr Leben, nein, das wollte sie ihm nicht übergeben. Dazu bat sie sich noch Bedenkzeit aus.

«Gewiss», gestand ich ihr zu, «das ist Ihre freie Willensentscheidung. Jesus zwingt niemanden.»

Trotzdem bat sie um Gebet, denn es ging um die Frage, wie sie die richtige Entscheidung treffen konnte. Sollte sie dieses Haus so absichern, dass niemand mehr einbrechen könnte? Oder sollte sie es wieder verkaufen? Darauf suchte sie Antworten. Das war die innere Erwartung, die sie an unsere Gebete knüpfte.

Bevor wir das Haus betraten, hatten wir uns alle schon unter den Schutz des Blutes Jesu gestellt. Jetzt beteten wir in allen Räumen so weiter. Danach gingen wir nach oben, und wieder schlug uns dort eine fast unheimliche Kälte entgegen. Der gesamte über dem Erdgeschoss befindliche Raum war zu einem einzigen riesigen Wohnzimmer ausgebaut worden. Das Dach und die Wände waren mit hellem Holz verkleidet, die Quer- und Stützbalken naturfarben gestrichen, und der Raum war mit hellen, freundlichen Möbeln ausgestattet. Auf einem Holztisch stand eine Kerze.

«Denken Sie nur», sagte Frau G. erregt, «als die Diebe den zweiten Einbruch verübten, hatten sie so eine Kerze angezündet. Sie war fast ganz heruntergebrannt, als ich nach Hause kam. Unvorstellbar, was hätte passieren können, wenn ich etwas später gekommen wäre. Der Tisch hätte doch sofort Feuer gefangen, und das ganze Haus wäre in Flammen aufgegangen. Da habe ich wirklich noch einmal Glück gehabt», meinte sie. Doch wir anderen schauten uns nur stumm an. Waren wir uns doch ganz sicher, dass Jesus schützend eingegriffen hatte. Ob Frau G. wohl seinen Plan mit ihr erkennen würde?

Nachdem wir alles durchbetet und vor Jesus ausgebreitet hatten, lud sie uns im Garten noch zu einer Tasse Kaffee ein. Sie hatte doch noch einige Fragen und war unschlüssig, wie es nun mit ihr weitergehen sollte. Deshalb fragte sie jeden Einzelnen von uns, wie wir an ihrer Stelle handeln würden. Ich sagte spontan: «Ich würde das Haus sofort verkaufen.» Und zwei der Mitbeter schlossen sich gleich meiner Meinung an, während die Vierte äußerte: «Ich wäre hier gar nicht erst eingezogen.» Daraufhin schaute Frau G. uns ernst an und sagte entschlossen: «Meine Meinung steht fest. Ich bleibe.»

Damit war unsere Mission beendet. Wir fragten uns betroffen, weshalb sie uns überhaupt dorthin geholt hatte.

Viele Monate später erfuhr ich von Bekannten, dass sie seitdem nicht mehr in dem Haus schläft. Sie ist immer noch von panischer Angst erfüllt und packt abends um acht Uhr ihre Sachen, fährt in eine nahe gelegene Stadt, um dort bei Freunden zu übernachten. Abend für Abend geht das so. Ist das nicht furchtbar? Ich frage mich nur: Was ist das für ein Leben?

Kürzlich hörte ich, dass sie sich einen Hund angeschafft hat. Ob er ihr die nötige Sicherheit bieten kann? Auch soll sie in einem kleinen Anbau eine kleine Wohnung eingerichtet haben, um sie zu vermieten – nur hat sie bis jetzt niemanden gefunden, der dort einziehen will. Schade, dass sie Jesus nicht als ihren Herrn angenommen hat. Dann hätte sie gewiss Frieden gehabt, denn Jesus hat alle Angst überwunden. In ihm sind wir geborgen und dürfen ruhig und sorglos in seinem Schutz schlafen.

Aber auch Irmi raubte die Angst den Schlaf. Nach einem Vortrag in einer Großstadt kam sie zu mir, ein hübsches, schlankes, blondes junges Mädchen, und bat um Gebet. Sie wirkte sehr verschlossen und in sich gekehrt. Es war schwierig, sie zum Erzählen zu ermuntern. Sie stand kurz vor dem Abitur und konnte nachts kaum mehr zur Ruhe finden, so dass sie schon fast depressiv wurde. Ja, sie hatte kaum noch Mut, in die Schule zu gehen. Dabei war sie Klassenbeste. Und doch stand sie unter einem ungeheuren Druck.

Ich fragte mich, warum das so war. Ihre Leistungen waren doch so gut. Da musste die Ursache tiefer liegen. Sie schien hinter einer Maske zu leben und war wie besessen von einem selbst auferlegten Perfektionismus, um sich zu beweisen. Vor wem denn? Vor sich selbst? Vor den Mitschülern? Ich fragte sie, ob sie in der Schule jemals gedemütigt worden war.

«Nein», überlegte sie, «das ist mir nicht bewusst.»

Trotzdem musste ich so beten, denn das Wort «Demütigungen» und der Umstand, dass ihr tiefe innere Verletzungen zugefügt worden sein mussten, stand mir sehr deutlich vor Augen. Mir war vollkommen klar, auf Grund dieser Demütigungen hat sie ihren Stolz, den Perfektionismus, ja, diesen starken Druck entwickelt, den sie jetzt kaum mehr ertragen konnte. Wie gut, dass Jesus das aufgedeckt hat.

Offensichtlich hat dieses Gebet viel in ihr bewirkt, denn am nächsten Tag rief mich die Mutter an und bestätigte meinen Eindruck. Ja, sie war von Anfang an in der Schule nicht voll angenommen worden, weil sie ein Kind vom Lande war. Ihre Kleidung war nicht so modern gewesen wie die der Stadtkinder, daher war sie beiseite geschoben worden. Ich denke, wir alle wissen, wie grausam Kinder miteinander umgehen können, wenn eines anders ist, als es der allgemeinen Mode und den Vorstellungen entspricht. Wie waren wir dankbar, dass Jesus diese Hintergründe gezeigt und Irmi aus ihrem Gefängnis befreit hat. So durfte sie jetzt unbesorgt in die Abiturprüfungen gehen und hat sie auch glänzend bestanden.

Dank sei unserem Herrn!

Ich denke, wir alle kennen solche oder ähnliche Situationen. Wir werden verspottet und belächelt – doch wie gehen wir damit um? Ich zum Beispiel wurde immer empfindlicher, weil ich mich von so etwas sehr beeinflussen ließ. Ich zog mich in mich selbst zurück und stapelte in meinem Inneren auf, was mir an Sorgen und negativer Kritik zugemutet wurde und mich völlig verunsicherte, ja, mir große

Angst machte. So war ich früher empfindlich wie eine Mimose.

Aber seit Jesus mein Herr ist, hat er mich grundlegend verändert, weil ich in einer direkten, persönlichen Beziehung und im intensiven Gespräch mit ihm lebe. Das macht frei, unvorstellbar frei. Mir ist das Wort aus Psalm 56,5 eine feste Zusage unseres Herrn:

«Auf Gott will ich hoffen und mich nicht fürchten. Was können mir Menschen tun?»

Diese Verheißung durfte ich auch Herrn R. zusagen. Er kam, weil er, solange er denken konnte, unter Asthma litt. Weil Asthma jedoch meiner Erfahrung nach oft die Folge irgendwelcher zurückliegender Umstände ist, galt es erst einmal, die Ursache dieser Erkrankung zu erkennen. Davon konnte wirklich nur Jesus wissen. Denn allein vor ihm ist ja alles offenbar, die ganze Vergangenheit, die Gegenwart und auch die Zukunft. Also beteten wir. Da stand mir das Wort «Angst» vor Augen, und ich musste Herrn R. fragen: «Haben Sie Angst?»

Er sah mich erstaunt an. «Ja, seit meiner frühesten Kindheit.» Er hatte sich immer in sein warmes Nest zurückgezogen, in sein Bett. Er wollte absolut nichts mit Menschen zu tun haben. Ringsum war er von seinen Stofftieren umgeben, der Vorhang wurde zugezogen. So baute er sich selbst seine kleine Welt auf, in der er sich wohl und geborgen fühlte.

Denn das Haus, in dem seine Familie wohnte, war ihm unheimlich. Der Flur war so dunkel, und über ihnen wohnte eine Frau, die eine unheimliche Ausstrahlung zu haben schien. Dazu kam, dass die

Mutter Alkoholikerin und von Tabletten abhängig war. Und der Vater, ein viel beschäftigter Akademiker, hatte auch keine Zeit für seinen Jungen. Herr R. hatte zwar noch eine ältere Schwester, an die er sich in jungen Jahren sehr klammerte, doch auch sie ging wegen der schlechten Beziehung zu den Eltern sehr früh aus dem Haus.

Nun war er wieder allein und auf sich selbst gestellt. Das konnte er der Schwester nicht verzeihen, und er grollte ihr sehr. Seine Großmutter hatte ihn auch nicht als ihren Enkel angenommen.

Ich fragte mich wirklich erschrocken, wo er als Kind Liebe und Geborgenheit hätte finden können. Er lief in dieser Familie wirklich nur so nebenher mit. Niemand hatte Zeit für ihn. Niemand schien ihn lieb zu haben. Was war das für eine Last auf seinem kleinen Herzen. Die Großmutter und der Vater hatten über ihn sogar Flüche ausgesprochen. Ich sagte es Herrn R. angesichts dieser Vergangenheit auf den Kopf zu:

«Sie werden nie ein Mann werden, nicht wahr?»

Er sah mich überrascht an und sagte:

«Sie haben genau den Wortlaut getroffen.»

Außerdem hing die negative Aussage, er wäre besser ein Mädchen geworden, wie ein Damokles-Schwert über ihm. Da ist es doch kein Wunder, wenn er sich von anderen Kindern absonderte. Er spielte kein Fußball, raufte sich auch nicht mit den Jungen, er zog sich immer nur resignierend zurück:

«Mich versteht ja doch keiner.»

Irgendwann wurde der Vater nach Breslau versetzt, und das Kind freute sich sehr, dieses Haus verlassen zu können. Doch auch in der neuen Wohnung war wieder etwas sehr Beängstigendes für ihn. Sein Zimmer hatte eine Tür, in der sich oben drei Sichtfenster befanden. Da entwickelte sein Vater die Angewohnheit, plötzlich hinter diesen Fenstern zu erscheinen und ihn zu beobachten. Dieses Gesicht mit der Brille hinter der Scheibe erschreckte ihn immer wieder und verunsicherte ihn sehr.

Das war wie ein Schock in seiner Seele, der ihn völlig verkrampfte. Dieser Schock musste unbedingt gelöst werden, denn Herr R. konnte seitdem nicht mehr mit dem Rücken zur Tür oder zu einem Fenster sitzen. Sonst packte ihn eine panische Erregung. Ja, er war nur ruhig, wenn er die Menschen *vor sich* haben konnte. Diese Ängste haben natürlich zu einer ständigen Verkrampfung geführt, so dass darin die Ursache für sein Asthma liegen konnte. Ja, all diese Ängste schienen ihn fast zu erdrücken. Wie muss er nur gelitten haben! Er tat mir in tiefster Seele leid, und ich war sehr erschüttert.

Da konnte wirklich nur Jesus helfen. Also beteten wir und stellten zuerst Herrn R. und uns Beter unter den Schutz des Blutes Jesu. Wir banden im Namen Jesu alle Mächte der Angst, die Herrn R. sein Leben lang gefangen gehalten hatten. Denn Jesus sagt ja in Matthäus 18,18: «Was ihr auf Erden binden werdet, soll auch im Himmel gebunden sein, und was ihr auf Erden lösen werdet, soll auch im Himmel gelöst sein.»

Danach sagte Herr R. sich von aller Angst im Namen Jesu los, und in seinem Namen geboten wir allen Mächten der Angst, von ihm zu weichen. In der gleichen Weise verfuhren wir mit den Flüchen, die sein ganzes bisheriges Leben in so starker Weise beeinflusst hatten, und widerriefen sie im Namen Jesu, so dass sie keine Macht mehr über ihn haben konnten. Auch aus dem Schock hat Jesus ihn dann befreit, so dass sich an ihm die Verheißung aus Johannes 8,36 erfüllte: «Wenn euch nun der Sohn frei macht, so seid ihr wirklich frei.»

Er spürte in sich eine große Erleichterung. Und doch stand noch eine sehr wichtige Frage im Raum:

«Erkennen Sie Ihre eigene Schuld Ihren Eltern und Ihrer Schwester gegenüber? Und sind Sie gleichzeitig bereit, den drei Menschen zu vergeben, unter denen Sie doch so sehr gelitten haben?»

Ja, das war ihm doch sehr bewusst geworden, und er bekannte vor unserem Herrn seine große Sünde und vergab gleichzeitig seinen Eltern und seiner Schwester alles, was sie ihm angetan hatten.

War das eine Erleichterung für ihn, endlich diesen ganzen Ballast, den er Jahrzehnte mit sich herumgeschleppt hatte, losgeworden zu sein. Doch bevor wir um Heilung seines Asthmas bitten konnten, kam plötzlich Akupunktur ins Gespräch. Oh ja, das hatte er praktiziert. Er hatte sogar jetzt noch fünf Nadeln in den Ohren stecken – so war er bei uns angekommen. Mir war ganz übel, so sehr wurde ich plötzlich angegriffen. Herr R. erkannte, dass er da noch sehr gebunden war, und außerdem hatte er durch Akupunktur bis dahin auch gar keine Hilfe erfahren. Er entfernte die Nadeln aus dem Ohr und sagte sich im Namen Jesu von der Akupunktur los.

Jetzt endlich war die Vergangenheit bereinigt, und wir konnten Jesus um die Heilung seines Asthmas bitten, um völlige Entkrampfung der Bronchien und der ganzen Atmung, um eine wunderbare Entspannung des gesamten Nervensystems, aller Muskeln, aller Bänder und Sehnen, und ja, Jesus hat die Lasten von der Wirbelsäule genommen. Da geschah eine erstaunliche Befreiung. Er selbst war völlig überrascht und hatte ein ganz neues Lebensgefühl. Das hatte er nicht erwartet. Herr R. reckte und streckte sich: «Ich bin ein neuer Mensch.»

Da konnten wir Jesus nur danken.

Lange Monate sind seitdem vergangen. Vor kurzem war ich für einige Tage in seinem Haus zu Gast. Ich war überwältigt von der Veränderung, die in Herrn R. vorgegangen ist. Ich war sofort hineingenommen in ein außergewöhnlich harmonisches und friedliches Familienleben.

Die Kinder wachsen in Toleranz und liebevoller Konsequenz auf, und von Asthma war keine Spur mehr da. Ja, so ist unser Herr. Er hat die ganze Familie frei gemacht. Dank sei ihm dafür.

Ist es nicht erschreckend, wie der Druck, unter dem dieses Kind jahrelang gelitten hatte, sich in seinem späteren Leben so negativ auswirken konnte? Dabei haben die Eltern es gewiss nicht böse gemeint. Doch der Beruf und die täglichen Pflichten haben es oft zur Folge, dass wir als Eltern viel zu wenig auf die Bedürfnisse unserer Kinder eingehen können. Aber genauso gefährlich kann das andere Extrem sein. Ich denke da an die überschwängliche, liebevolle Fürsorge, die ebenfalls Druck, ja sogar Widerstand erzeugt und sich oft in Krankheiten äußert.

Das musste leider Herr S. erfahren und etliche Jahre darunter leiden, bis er den Weg ins Gebet fand. Er kam, weil er immer wieder Phasen der Schlaflosigkeit hatte. Er schlief zwei bis drei Stunden in der Nacht, doch dann streikten seine Nerven und er wälzte sich ruhelos von einer Seite auf die andere und konnte nicht wieder einschlafen. Er war eine anerkannte Persönlichkeit im öffentlichen Leben und brauchte für seinen anstrengenden Beruf wirklich vollste Konzentration. Er war verzweifelt.

«Bitte helfen Sie mir, Frau Anton. So kann es nicht weitergehen», bat er flehentlich.

«Ich kann von mir aus gar nichts tun», musste ich ihm erwidern und verwies auf Johannes 15,5, wo Jesus sagt: «Ohne mich könnt ihr nichts tun.» – «Aber Jesus schaut ins Verborgene. Er kennt die Ursache Ihrer Schlaflosigkeit. Er wird Ihnen helfen, da bin ich ganz sicher. Bitte erzählen Sie erst einmal.»

Vater und Mutter waren in der Kindheit sehr korrekt mit ihm umgegangen. Die Frage: «Wie viele Stunden hast du geschlafen?» stellte ihm der besorgte Vater oft, und noch heute hören die Enkelkinder das Gleiche vom Großvater, denn er ist der Meinung, ein zwölfjähriges Mädchen brauche zwölf Stunden Schlaf, sonst fehle ihm etwas. Mit der Mutter ging es ähnlich. Aus Angst und Unsicherheit behütete sie ihren Sohn über alle Maßen. Die Sorge um ihn trieb sie dauernd um.

Er musste warme, wollene Strümpfe tragen, da gab es keine Widerrede; er könnte sich ja sonst eine Erkältung zuziehen. Und was die anderen Kinder dazu meinten, nun, das zählte sowieso nicht. Er musste auch bestimmte Mengen essen, damit er ja stark und widerstandsfähig würde. Er musste Disziplin üben, ja, es wurde großer Wert auf Ordnung gelegt.

Und sich etwa gehen zu lassen oder sich dagegen aufzulehnen, nein, das gab es nicht.

Ist es da nicht nur zu natürlich, dass das Kind, das unter solchen Zwängen lebte, nachts fünf- bis sechsmal erbrach, weil seine Nerven einfach streikten? Sein ganzes Inneres wehrte sich gegen diese überfürsorgliche Liebe. Noch als Zwölfjährigem wurden ihm die Ecken seiner Bettdecke angebunden, damit er nur nicht bloßliegen und sich erkälten würde.

Da war mir alles klar. Das furchtbare Erbrechen war nur eine Folge der Abwehrreaktionen und der Zwänge, unter denen dieses Kind aufgewachsen war. Und wegen dieser inneren Erregung, dem Hass, der Wut, der Rebellion streikten dann auch seine Nerven. Dabei ist es doch kein Wunder, dass er nachts nicht schlafen konnte. Als Jesus diese ganzen Zusammenhänge aufgedeckt hatte, beteten wir. Punkt für Punkt brachten wir vor Jesus, banden in seinem Namen alles, was Herr S. in seinem tiefsten Unterbewusstsein aufgestapelt hatte, und baten Jesus, das ganze erregte Nervensystem zu entspannen und mit seinem Frieden zu füllen.

Und – ich konnte die Reaktion von Herrn S. kaum fassen. Der Mann wurde geschüttelt, ja, in seinem Sessel fast hin und her geworfen. Er wand sich und stieß unverständliche Laute hervor, bis er endlich frei war. Es war ein erschütternder, harter Kampf. Und er tat mir in tiefster Seele leid.

Aber Jesus hat diese Bindungen zerschnitten, er hat die Riegel dieser Zwänge, dieses Gefängnisses, hinter denen sich Herr S. befand, zerbrochen und ihn hinausgeführt in die Freiheit. Tränen der Freude und ein glückliches Strahlen zeigten sich auf seinem Gesicht. Ja, er ist wahrhaft frei geworden. Er konnte es überhaupt nicht fassen, wie so etwas geschehen konnte. Ein Wärmegefühl durchströmte seinen ganzen Körper, eine unbeschreibliche, nie gekannte Freiheit war in ihm. Er sprang auf und ging im Zimmer umher, er jubelte, er war nicht mehr zu halten. Frei! Es war unfassbar, ein neues Leben begann für ihn. Wie war er glücklich. Mit ganz großer Freude konnte er seinen Eltern vergeben. Und dann waren unsere Herzen nur noch voll Anbetung, Lob und Dank für unseren großen Gott, der diese Befreiung bewirkt hat und ihn jetzt wieder ganz ruhig schlafen lässt.

Hüten wir uns vor Flüchen und negativen Festlegungen!

Ist es uns eigentlich bewusst, wie oft wir unbedacht daherreden, wenn die Ungeduld uns packt oder der Zorn unsere Gedanken verwirrt? Glauben Sie mir, ich war nicht besser und habe mich auch zu manchen unüberlegten Äußerungen hinreißen lassen, wenn ich überarbeitet oder gereizt war. Erst seit Jesus mein Herr ist, bin ich zu der Erkenntnis gekommen, und die Erfahrung aus vielen seelsorgerlichen Gesprächen hat mich gelehrt, wie gefährlich, ja bindend solche Aussprüche sein können.

So ein «Nie» oder «Immer» kann unser ganzes Leben beeinflussen, wenn es zum Beispiel nur schon heißt: «Aus dir wird nie etwas.» Oder: «Du wirst immer ein Versager bleiben.»

So etwas bindet uns, und jede Prüfung und Entscheidung ist durch diese Belastung derart stark von Angst und Unsicherheit geprägt, dass sie von vornherein oftmals zum Scheitern verurteilt ist. Da kann wirklich nur Jesus helfen. Er allein hat alle Macht über die Angriffe des Feindes, denn er hat am Fluchholz sein Leben für uns in den Tod gegeben, so dass wir auch nur durch ihn wahrhaft frei werden.

Das durfte auch ein junges Paar erfahren, das voller Sorge in die Zukunft schaute und im Gebet

Zuflucht und Hilfe bei Jesus suchte. Sie kannten sich beide schon etliche Jahre. Sie hatten sich von Herzen lieb und wollten gern endlich heiraten.

Dennoch zögerte Frau B.: Konnte sie diesen Schritt wagen? Sollte sie das Risiko einer Ehe eingehen? Das waren Sorgen, die sie nicht zur Ruhe kommen ließen, denn ihr Verlobter, Herr D., war dem Spieltrieb verfallen und kam einfach nicht an diesen Automaten vorbei. Es war, als ziehe ihn eine magische Kraft unbezwingbar dorthin. Seit seinem siebzehnten Lebensjahr lebte er in dieser ständigen Versuchung und war mittlerweile hoch verschuldet. Dabei ist er ein begabter junger Mann in guter Position und wird in seinem Beruf sehr geschätzt. Aber dieses Laster zog ihn immer wieder herunter, so dass er ständig in großen finanziellen Schwierigkeiten lebte.

«Soll ich wirklich den Schritt in diese ungewisse Zukunft wagen?» fragte Frau B. sich stets voller Zweifel, während Herr D. beteuerte: «Sie können sich nicht vorstellen, Frau Anton, wie oft ich schon versucht habe, von diesem Spieltrieb loszukommen. Glauben Sie, ich schaffe es je? Es ist, wie wenn eine Macht an mir zerrt und mich immer wieder in diese Spielhöllen hineinzieht.»

Er war wirklich ganz verzweifelt. Da konnten wir nur noch beten und Jesus um seine Hilfe bitten. Und das Wunderbare geschah. Mir stand plötzlich vor Augen, dass Herr D. vielleicht durch Flüche gebunden sein könnte, die ihn mit eisernem Griff gefangen hielten und zwangen, diesen falschen Weg zu gehen.

Als ich ihn also fragte: «Sagen Sie bitte, Herr D., hat jemand über Ihnen negative Prophetien ausgesprochen?», da schrak er auf.

«Oh ja, meine Mutter hat oft zu mir gesagt, ich würde nie erwachsen werden und niemals Verantwortung übernehmen können.»

Als ich das hörte, war mir sofort bewusst, hier konnte die Ursache des Spieltriebs liegen. Er blieb Kind. Wie sehr war da die Voraussetzung, ein Spieler zu werden, vorprogrammiert. Und später belegte sie ihn noch mit einer weiteren negativen Aussage:

«Du wirst es nie ertragen können, wenn es dir mal gut geht.»

Und so ist es gekommen. Wenn er wirklich einmal Geld hatte, spielte er immer wieder. So wie jetzt auch die letzten drei Monate hindurch. Er musste einfach in diese Spielsalons gehen. Es war ein Zwang in ihm. Und er hatte nicht die Kraft, um dagegen anzugehen. Was waren das nur für furchtbare und folgenschwere Festlegungen, unter denen er seit vielen Jahren litt. Wir waren alle tief erschüttert. Wie konnten wir da nur dankbar sein, dass Jesus die Hintergründe dieser Zwänge aufgedeckt hatte. Und nur er konnte die Ketten zertrümmern, die Herrn D. seit langen Jahren fesselten.

So banden wir jetzt im Namen Jesu jede einzelne negative Prophetie und zerschlugen sie mit dem Schwert des Geistes in der Vollmacht, die Jesus den Glaubenden über alle Gewalt des Feindes gegeben hat. Dann sagte Herr D. sich vom Spieltrieb los und danach von allen drei Flüchen. Ja, er wollte wirklich nichts mehr damit zu tun haben. Er wollte endlich frei sein. Und so wurden diese Negativaussagen im Namen Jesu alle widerrufen.

Danach beteten wir für ihn, dass er endlich ein Mann sein würde und der Herr ihn so verändern möchte, dass er die Verantwortung für sich und seine Familie übernehmen konnte. Außerdem hatte sich auf Grund der bisher erkannten Ursachen herausgestellt, dass Herr D. sich als Mensch überhaupt nicht annehmen konnte. Ja, er hatte wie hinter einer Maske versteckt gelebt. Das konnte nur Jesus verändern. Er hat ihn doch geschaffen und hat ihn unendlich lieb und nimmt ihn so an, wie er ist. Aber er lässt ihn nicht so, wie er ist.

«Deshalb sagen Sie jetzt auch bitte ein großes Ja zu sich und nehmen Sie sich so an, wie unser Herr Sie verändern wird», bat ich ihn. «Sie sind doch ein geliebtes Kind Gottes und sind jetzt wirklich frei und dürfen völlig neu beginnen.»

Heißt es doch in Johannes 8,36: «Wenn euch nun der Sohn frei macht, so seid ihr wirklich frei.»

Was ist das für eine Zusage!

Er strahlte, und ich bin sicher, Jesus hat eine gute Zukunft für ihn bereit, denn er hat Großes an ihm getan. Übrigens bekam ich nach einigen Wochen die Einladung zu ihrer Hochzeit – Frau B. zweifelte also nicht mehr! Ja, so ist unser Herr. Da kann man ihm nur in tiefer Demut von Herzen danken.

Sehr viel tragischer und schwieriger gestaltete sich das Leben von Frau S., die viele Jahre durch negative Prophetien gebunden war, bis dieses Damokles-Schwert über ihrem Haupt niederzufallen und sie völlig zu zerstören drohte. Da erst fand sie endlich zu Jesus, legte ihre ganze Last und Schuld bei ihm ab, so dass sie endlich frei geworden ist für ein ganz neues Leben mit unserem Herrn.

Sie war eine patente, hübsche junge Frau, und als sie einen attraktiven Herrn kennen lernte, war sie sicher, den Mann ihres Lebens gefunden zu haben. Beide verliebten sich ineinander, doch nach einiger Zeit stellte sich heraus: Er war verheiratet und hatte zwei Söhne. Ich denke, man kann sich ihre grenzenlose Enttäuschung vorstellen, als sie diese Nachricht erfuhr. Natürlich wollte sie diese Verbindung sofort lösen. Doch der Mann ließ sie nicht los, er wollte sie absolut haben und bot ihr an, sich von seiner Frau scheiden zu lassen.

Aber nein, sie wollte doch keine Ehe zerstören. Deshalb ergriff sie die Flucht und zog heimlich nach Portugal. Nur weg, weit weg – das war ihr einziger Gedanke. Der Mann fand jedoch auf irgendeine Weise ihre Adresse heraus und nahm die Verbindung zu ihr wieder auf. Es folgten Briefe, einige Male besuchte er sie sogar, bis er schließlich zu seiner Frau sagte: «Ich ziehe aus.»

Dieser Blitz kam wie aus heiterem Himmel. Damit hatte die Ehefrau nicht gerechnet. Und an dem Tag, an dem der Mann wirklich auszog, beging sie Selbstmord. Tiefes Entsetzen ließ alle Beteiligten erst einmal erstarren. Doch nach einiger Zeit kam Frau S. auf Drängen des Mannes aus Portugal zurück, und etliche Monate später wurde geheiratet.

Die Ehe gestaltete sich allerdings schwierig, weil sie in das Haus gezogen war, in dem ihr Mann so lange gemeinsam mit seiner ersten Frau gelebt hatte. Alles erinnerte Frau S. dort an ihre Vorgängerin. «Kann das Leben unter diesen Bedingungen einfach so weitergehen?» fragte sie sich.

Außerdem waren da noch die beiden Söhne, die sie verständlicherweise ablehnten. Sie waren voller Hass und Rebellion gegen die neue Frau in ihrem Elternhaus. Ja, der älteste Sohn, der Vater der ersten Frau und ihre Schwester hatten Frau S. sogar verflucht: Sie solle bald sterben, und die Ehe werde sehr unglücklich werden. Ihr selbst solle es auch schlecht ergehen. Und selbstverständlich taten alle das Ihre dazu, dass diese negativen Prophetien sich dann tatsächlich auch erfüllten.

So erlebte sie Jahre voller Leiden und Sorgen. Und doch kam ein Lichtstrahl in ihr Leben. Sie selbst bekam zwei Kinder, gesunde Kinder, was in dieser Situation ja durchaus nicht selbstverständlich war. Die beiden sind ihre ganz große Freude. Nach sechs Jahren endlich machte einer der beiden im Haus lebenden Söhne einen leichten Annäherungsversuch. Wie war sie dankbar dafür. Doch der andere Sohn blieb hartnäckig. So gestaltete sich das Familienleben natürlich manchmal unerträglich, so dass auch ihre Ehe immer unglücklicher wurde.

Elf Jahre waren mittlerweile vergangen, da geschah Frau S. das Gleiche wie ihrer Vorgängerin. Ihr Mann sagte zu ihr: «Ich habe eine jüngere Frau gefunden, ich ziehe aus.» Für sie brach die Welt total zusammen. Wie furchtbar hatten sich die auferlegten Flüche erfüllt. Sie wusste nicht mehr aus noch ein. So ging sie zu einer Kartenlegerin in der Hoffnung, dort Hilfe zu finden; zu einer Frau, die ihr dann allerdings voraussagte: «Auf Ihnen liegt ein Fluch.» Und: «Sie werden bald sterben.»

Nun fand sie erst recht keine Ruhe mehr. Bei jedem kleinen körperlichen Schmerz oder sonst irgendeinem Symptom fragte sie sich: «Geht es jetzt zu Ende mit mir?» Sie war völlig verunsichert, voller Angst und Ratlosigkeit. So suchte sie erneut bei einer Kartenlegerin Zuflucht, in der Hoffnung, einen Ausweg aus dieser so furchtbaren Situation zu finden. Doch auch diese Frau bestätigte ihr: «Ja, auf Ihnen liegt ein Fluch. Doch vertrauen Sie mir, ich werde ihn im Namen von Jesus Christus löschen.»

Zu diesem Zweck sollte sie in jede Ecke ihres Zimmers einen Zettel legen mit dem Namen und der Adresse ihres Mannes, seiner neuen Freundin und all derer, die sie verflucht hatten. Außerdem sollte sie der Wahrsagerin eines ihrer Haare geben. So würde diese angeblich den Fluch löschen können. Große Versprechung, deprimierender Ertrag: Auch diese Wahrsagerin sagte Frau S. eine schlimme Zukunft voraus.

Da kann man doch wirklich nur noch in Zorn geraten, wenn man hört, welcher Hokuspokus mit dem Namen Jesu Christi getrieben wird. Und das glauben Menschen dann auch noch. Der Name Jesu Christi ist heilig und keine Zauberformel. Es regt mich immer wieder auf, wenn ich höre, wie sehr er missbraucht wird. Das wird uns auch bestätigt in dem Bericht in Apostelgeschichte 19, ab Vers 13.

Ist es also ein Wunder, dass Frau S. innerlich völlig zerstört war? In dieser Situation fand sie glücklicherweise Christen, die sich ihrer liebevoll annahmen und ihr von Jesus erzählten, so dass sie erkannte: Nur dort gab es noch Hilfe für sie. Nur bei ihm würde sie endlich zur Ruhe kommen. So gab sie ihr Leben in seine Hand. Als ihr dann eine Freundin eines meiner Bücher schenkte, wurde ihr bewusst, in was für tiefe Schuld sie verstrickt war und in welcher Gebundenheit sie die ganzen Jahre gelebt hatte. Sie nahm die Verbindung zu mir auf, bekannte Jesus all ihre Verfehlungen und bekam sogar die Kraft geschenkt, ihrem Mann, seiner

Freundin und all denen, die sie jemals verflucht hatten, zu vergeben.

Ich weiß, es ist furchtbar schwer. Und doch war es für sie der einzige Weg, endlich diese ganzen Lasten von ihren Schultern loszuwerden. Danach banden wir im Namen Jesu diese Flüche und baten ihn, diese negativen Prophetien, unter denen sie seit Jahren wie in einer Zwangsjacke gelebt hatte, zu zerstören. Sie sagte sich los davon. Ja, sie wollte mit dem ganzen Ballast nichts mehr zu tun haben. Und im Namen Jesu widerriefen wir jede einzelne dieser Aussagen.

Sie haben jetzt keine Gültigkeit mehr, keine Macht mehr über sie. Frau S. ist frei geworden. Dem Herrn sei Dank. Sie hat die Vergangenheit losgelassen und darf jetzt mit Jesus ein ganz neues Leben beginnen. Ja, wir gehen oft große Umwege, doch entscheidend ist, dass Jesus uns zu sich zurückbringt. Möge Frau S. jetzt in seiner Geborgenheit tiefen Frieden finden. Danke, Herr!

Besonders bedrohend und erschreckend finde ich es, wenn jemand die Festlegung trifft: «Dafür wird Gott dich strafen.» Eine solche Aussage erschüttert mich immer wieder bis ins Innerste. Sie ist wie eine Fessel, die für uns Menschen unlösbar ist. Ich habe eine große Scheu davor, mit Gottes Gericht zu drohen. Wer sind wir denn, wir kleinen Menschen, dass wir meinen, Gottes Strafen aussprechen und beeinflussen zu können? Es ist doch nur zu verständlich, dass jemand, der jahrzehntelang unter einem derartigen Druck lebt, völlig verkrampft sein muss. Da schnürt einem wirklich die Angst die Kehle zu, und man meint daran ersticken zu müssen.

Nach einem Gebetsseminar kam Frau Y. und bat um Hilfe, da durch die Referate bei ihr sehr viel aufgedeckt worden war. Seit ihrer Kindheit litt sie unter Asthma. Diese Anfälle waren furchtbar, und die Luftnot quälte sie oft derart, dass sie kaum mehr atmen konnte. Vor einigen Jahren war Rheuma dazugekommen, und seit etlichen Monaten litt sie unter derart extremer Kraftlosigkeit und Müdigkeit, dass sie immer schon abends um acht Uhr ins Bett gehen musste, weil sie einfach am Ende ihrer Belastbarkeit angelangt war. In meinem vorigen Buch *Beten ist Freude* schrieb ich, dass nach meinen Erfahrungen bei Asthma-Erkrankungen oft eine psychische Ursache vorliegen kann.

So spürte ich auch jetzt, während Frau Y. erzählte, eine erhöhte innere Wachsamkeit. «Ja, Alarm, pass auf, da könnte was sein.» Aber was mochte die Ursache dieses Asthmas sein?, fragte ich mich, denn ich kannte Frau Y. ja nicht. So konnten wir also nur beten, weil Jesus allein die ganze Vergangenheit offen vor sich liegen hat und alle Dinge weiß. Da stand mir das Wort «Fluch» vor Augen. Sollte sie durch einen Fluch derart gebunden sein?, wunderte ich mich und fragte sie:

«Hat jemand während Ihrer Kindheit eine negative Prophetie über Ihnen ausgesprochen?»

Sie schaute mich traurig an:

«Oh ja, jedes Mal, wenn ich als Kind ungehorsam gewesen bin, sagte meine Mutter zu mir: Dafür wird dich Gott einmal strafen.»

Wir schwiegen beide, tief erschüttert, unter Tränen. Was für eine ungeheure Bedrohung ist so eine Festlegung für ein Menschenkind. So wuchs sie also heran – völlig verkrampft wie in einem Gefängnis, aus dem es keine Befreiung für sie gab.

Jahrzehntelang hat sie gelitten, und es wurde immer schlimmer mit ihr. Da konnte wirklich nur Jesus helfen.

In seinem Namen banden, lösten und widerriefen wir diesen Fluch, und sie spürte körperlich, wie plötzlich Zentnerlasten von ihren Schultern herabfielen. Ein nie gekanntes Gefühl der Befreiung durchströmte sie. Ja, Jesus hat ihr Gefängnis zerbrochen, und nachdem wir für die Heilung ihres Rheumas gebetet hatten, baten wir Jesus, sie mit neuer Kraft zu erfüllen.

Und er hat sie gestärkt und verändert: Er hat ihre furchtbare Müdigkeit, ja, diese Erschöpfungszustände, in Aktivität verwandelt und hat sie mit neuem Mut ausgerüstet. Ja, sie ist frei geworden, sie leidet nicht mehr darunter. Und glücklich lächelnd lehnte sie sich zurück und sagte:

«Komisch, so lange ich denken kann, habe ich einen Panzer um meine Brust gehabt. Aber jetzt ist er weg. Danke, Herr!»

Noch auf dem Heimweg vom Seminar machte sie einen großen Umweg und fuhr bei Freunden vorbei, denen sie unbedingt von ihrer wunderbaren Heilung erzählen wollte. Die staunten nicht schlecht. Ja, so ist unser Herr. Er hat ihr neuen Lebensmut und Freude geschenkt, so dass sie jetzt fröhlich mit ihm durch jeden Tag gehen kann. Dank sei Gott dafür.

So hat Frau Y. erfahren, dass Jesus sie aus den Bindungen eines Fluches herausgerissen hat. Doch sehr oft bitten mich Menschen um Gebet, die auf ganz andere Weise gebunden sind. Da ist zum Beispiel ein Ehepartner schon vor fünf, acht oder gar zehn Jahren heimgerufen worden, und doch ist es für die Hinterbliebenen ganz schwer, ja fast unmöglich, sich aus dieser Trauer zu lösen. Sie leben weiter, als sei der Heimgegangene noch bei ihnen, und sind völlig erstarrt in ihrem Leid.

Darum möchte ich den Betroffenen zum Trost und zur Hilfe im folgenden Kapitel eine kleine Geschichte erzählen. Ich denke, mancher wird sich darin wiederfinden und erkennen, dass Jesus uns auch durch solche Situationen hindurchträgt und viel Gutes für uns bereithält.

Jesus – Sieger über die Einsamkeit und über die Mächte der Finsternis

Eines Tages brachte eine Mitarbeiterin Frau O. zu einem unserer gemeinsamen Abende mit. Sie wohnten beide etwa fünfzig Kilometer von hier entfernt. Und eigentlich wusste Frau O. gar nicht, was sie hier bei mir wollte. Doch immer wieder hatte sie in der letzten Zeit den Eindruck gehabt, als sagte ihr eine innere Stimme:

«Du musst nach Itzehoe.»

«Itzehoe, Herr? Was soll ich denn da?»

Sie wusste es nicht. Aber die Stimme blieb.

«Du sollst nach Itzehoe fahren.» Und so rief sie kurz entschlossen eine meiner Mitarbeiterinnen an, von deren Existenz und Telefonnummer sie erst an diesem Tage erfahren hatte. Diese Mitarbeiterin sagte ihr:

«Ich fahre in zwanzig Minuten dorthin. Wenn Sie mitfahren wollen, hole ich Sie ab.» Was für eine Führung unseres Herrn. Als die beiden ins Zimmer traten, erkannte ich sofort, dass diese Frau Hilfe brauchte. Sie war völlig verkrampft, so dass ich ihr einen Termin zu einem Gespräch unter vier Augen anbot. Wenige Tage danach kam sie und erzählte:

Vor fünf Jahren ging ihr Mann morgens fröhlich und lachend aus dem Haus, um seinen täglichen Geschäften nachzugehen. Abends jedoch, während der Heimfahrt, erlitt er einen Unfall und war auf der Stelle tot. Aus einer entgegenkommenden Fahrzeugkolonne war unvermutet ein Fahrzeug ausgeschert und frontal mit ihm zusammengestoßen. Er erlitt einen Herzriss, da gab es keine Rettung mehr.

Mitten in der Nacht klingelte und klopfte die Polizei an ihre Haustür und fragte sie, ob sie ihren Mann nicht vermisse. Er habe einen Autounfall erlitten und sei tot. Dieser Schock war grauenhaft. Ja, dieses Entsetzen hielt sie seitdem gefangen, und sie konnte sich allein nicht mehr daraus befreien. Sie musste ihren Mann sogar noch identifizieren.

Und dann saß sie bis zu seiner Beerdigung täglich ein bis zwei Stunden an seinem Totenbett. Fassungslos saß sie da. Ihre kleine Welt war völlig zusammengebrochen, und die Zeit schien seitdem für sie stillzustehen. Innerlich war sie völlig erstarrt und verrichtete alles, was getan werden musste, nur noch mechanisch. Diese Leere in ihr war grauenhaft. Ja, sie funktionierte wirklich nur noch. War das noch ein Leben?

Heute, fünf Jahre später, hat sie im Haus noch nichts verändert. Seine Sachen hängen noch im Kleiderschrank, sein Duft erfüllt noch den Raum, sein Schreibtisch steht noch so, wie er ihn verlassen hat, lose Zettel und angefangene Notizen liegen darauf. Alles ist unverändert, und Frau O. selbst ist wie eingemauert.

Ich konnte nur mit ihr weinen und beten, dass Jesus endlich diesen Schock, der sie seitdem wie in einem Gefängnis gefangen hielt, und auch dieses Entsetzen binden und zerschlagen möchte. Nur er allein konnte bewirken, dass sie endlich losließ, was sich in ihrem Unterbewusstsein, ihrem Herzen und ihrer Seele, in ihren Gedanken und Erinnerungen festgekrallt hatte. Nur Jesus konnte diese Fesseln lösen und sie aus dieser Erstarrung wieder ins Leben zurückführen – ja, in ein ganz neues Leben mit ihm.

Wir spürten beide, es war sehr schwer für sie, das alles loszulassen und bei Jesus abzulegen. Doch seine Gegenwart und Führung waren so mächtig, dass sie diese Kraft bekam, und wir waren ganz gewiss, er würde jetzt alle Verletzungen und Wunden heilen und sie auch aus dieser Trauer, die sie wie einen Schutzmantel um sich herumgelegt und gehegt und gepflegt hatte – und in den sie sich eingehüllt hatte in all ihrer Ohnmacht und Hilflosigkeit – bald herausführen. Die Erstarrung in ihr wich. Es war wunderbar, und sie sagte:

«Ich fühle mich plötzlich ganz anders. Frei, aber völlig leer.»

So konnten wir Jesus nur bitten, diese Leere jetzt auszufüllen mit all dem Guten, das er für sie bereithält. Ich sagte ihr, dass uns Jesus in Lukas 6,38 zusagt, er werde ein voll gedrückt, gerüttelt und überfließend Maß in unseren Schoß geben.

Ja, das hält er für sie bereit. Und wir baten ihn um die ganze Fülle und Führung des Heiligen Geistes, um seinen Schutz und eine tiefe Geborgenheit in seiner überschwänglichen Liebe. Da atmete diese Frau tief durch wie schon lange nicht mehr. Jesus hat sie frei gemacht, und eine völlig veränderte Frau verließ mein Haus.

Seitdem ist sie oft wiedergekommen, und ich bin unendlich dankbar, dass ich die Wandlung der Frau O. miterleben darf, denn unser Herr hat Großes an ihr getan. Sie ist eine Beterin geworden und lässt sich durch Gott führen nach seinem Willen. Ihr Leben hat tatsächlich eine radikale Wendung erfahren, so dass sie selbst immer nur staunen kann. Sie führt jetzt ein ganz intensives, restlos ausgefülltes Leben mit ihm, wie sie es sich vorher nie hätte vorstellen können. Es ist immer wieder voller Überraschungen und verläuft ganz anders, als sie es je geplant hätte. Aber sie sagt Ja dazu und ist sehr glücklich.

Dank sei unserem großen Gott, der wahrhaft alles in seinen Händen hält und uns so überreich beschenkt. Aber wie gehen wir kleinen Menschen mit dieser so grenzenlosen Gnade um? Ich bin oft fassungslos, dass wir diesen großen Gott so klein gemacht haben.

Ja, auch ich habe ihn früher beiseite geschoben und gemeint, ich könne selbst etwas tun und könne mit meinen Sorgen allein fertig werden. Und wie bin ich in die Irre gegangen! Ich habe es bitter bereut und bin unendlich dankbar, dass Gott mich zu sich zurückgeführt hat und mir in seiner unendlichen Güte die Gnade der Errettung geschenkt hat.

Und ich spüre es: Je tiefer ich in ihn hineinwachse und vom Glauben her lebe, desto mehr darf ich Kanal sein für sein Wirken und darf sein wunderbares Handeln erleben. Er weiß doch um unsere Sorgen. Wann begreifen wir kleinen Menschen endlich, dass Jesus immer der Größere, immer der Stärkere ist? Und wie muss er über uns, seine Geschöpfe, weinen, wenn er sieht, welche Irrwege wir immer wieder gehen und wie wenig wir den Versuchungen des Feindes widerstehen können. Wie ein Kind zu seinem Vater kommt mit seinen Sorgen und Nöten, so dürfen wir zu ihm kommen, und er betet beim Vater für uns, wie es in Johannes 17,9 und 20 steht. Das ist doch etwas so unbegreiflich Wunderbares. Weshalb geben die Menschen immer wieder den Verführungen des Feindes nach und meinen dabei noch ganz gelassen, es helfe ja schließlich auch? Sie merken gar nicht, dass sie dadurch nur noch mehr gebunden und in tiefe Sorgen, Ängste und Abhängigkeiten verstrickt werden. So wie es auch bei Gitta geschah.

Gitta kam und bat um Hilfe, weil Gebet ihr der letzte Ausweg zu sein schien. Sie war in einer verzweifelten Situation, und die Angst zerriss ihr beinahe das Herz. Jemand hatte ihr aus der Hand gelesen und ihr vorausgesagt, sie werde nicht mehr lange leben, sondern im Alter von vierzig Jahren sterben. Jetzt war sie 38 Jahre alt, und die Angst vor dieser Prophetie schnürte ihr die Kehle zu. Zwei Jahre noch, und dann? Das konnte doch nicht alles gewesen sein!

Außerdem hatte eine Wahrsagerin noch geweissagt, sie würde zweieinhalb Kinder bekommen. Was sollte sie nur mit dieser Aussage anfangen? Das Ganze beunruhigte sie doch sehr. Diese Prophetien ließen sie in Panik geraten, so dass sie ihr jeglichen Lebensmut raubten. Was sollte sie nur tun? Diese bange Frage sah man ihr an. Sie behauptete zwar, sie glaube nicht daran, und trotzdem zitterte sie vor Angst.

Zwei Kinder hatte sie schon aus vorehelichen Beziehungen, und wenn sie es sich auch einredete, nicht an diese Prophetien zu glauben, so war sie doch in ganz tiefer Weise beunruhigt. So sehr, dass sie jetzt ihr altes Leben abschließen und in Ordnung bringen wollte, um noch einmal ganz neu anzufangen. Ja, sie hatte erkannt, dass es so nicht weitergehen durfte. Sie musste innerlich endlich zur Ruhe kommen. Die zwei Jahre ihrer angeblich noch verbleibenden Lebenszeit hielten sie wie in einer Falle gefangen. Und mit dem prophezeiten halben Kind wusste sie schon gar nichts anzufangen.

Sollte das vielleicht sogar eine Abtreibung bedeuten, die sie in neue Schuld verstricken würde? Nein, das wollte sie auf keinen Fall. Sie wollte endlich wieder Frieden haben. Sie musste raus aus dieser Prophetie und dieser Bindung. Das war ihr ganz tiefes Verlangen. Auf die Frage, ob sie an Jesus glaube, antwortete sie: «Ich glaube an das Gute.» Und irgendwie verband sie Gott damit. Da habe ich ihr erst einmal das ganze Evangelium erklärt und bezeugt, dass Jesus auch für sie gestorben ist und nur er allein sie aus allen Bindungen befreien und lösen kann. «Ja, ich brauche Jesus», das wurde ihr klar. «Er soll der Herr in meinem Leben sein. Ihm will ich gehorchen, auf ihn will ich hören.»

So geschah als Erstes im Namen Jesu die Befreiung von der Macht des Kartenlegens und dieser furchtbaren Prophetie, die selbstverständlich im Namen Jesu widerrufen werden musste, damit sie endlich frei wurde von all diesen Zwangsgedanken, die sie Tag und Nacht nicht losließen.

Außerdem stellte sich heraus, dass sie auch noch zu einem Wahrsager gegangen war, der aus ihren Augen ihre Zukunft prophezeit hatte – doch dessen Auskunft war genauso niederschmetternd gewesen. Was für Irrwege war sie nur gegangen, um doch noch irgendwo eine günstige Voraussage für ihr weiteres Leben zu finden. Sie erkannte, dass all diese Mächte sie immer fester in Ketten gelegt hatten. Nein, sie wollte nichts mehr damit zu tun haben. So sagte sie sich jetzt auch davon los, und im Namen Jesu geschah eine wundersame Befreiung.

Trotzdem musste ich sie noch auf ihre Sünde und Schuld ansprechen. Und sie brachte wirklich alles vor Jesus: die vorehelichen Beziehungen, die Konflikte mit den Eltern, all die Unwahrheiten und Notlügen, die wir so gern gebrauchen. Auch bereute sie zutiefst die vielen Irrwege, die sie in ihrer Hoffnung auf Hilfe gegangen war. Ja, es war eine echte Lebensbeichte. Und im Namen Jesu durften wir ihr gemäß Johannes 20,23 die Vergebung zusprechen. War das eine Erleichterung und Befreiung für sie. So ließ sie jetzt ihr ganzes altes Leben los und gab es Jesus mit in den Tod. Und er schenkte ihr das neue Leben, das in Ewigkeit nicht endet.

Ja, er ist ihr Herr, er hat ihre Zukunft jetzt in seiner Hand. Nun braucht sie sich nicht mehr sorgenvoll und ängstlich zu fragen, wie sie die letzten zwei Jahre der ihr angeblich noch verbleibenden Lebenszeit am sinnvollsten zubringen kann. Nein, im Gegenteil, sie darf jetzt unbeschwert und fröhlich mit unserem Herrn auf dem Weg weitergehen, den er längst für sie bereitet hat. In dieser Gewissheit hat sie ganz tiefen Frieden gefunden und ist gespannt und voller Erwartung, wie sich ihr neues Leben gestalten wird. Dank sei unserem Herrn dafür.

Ja, Gitta ist frei geworden durch unseren Herrn Jesus Christus. Doch wie geht es den Menschen, die Jesus nicht kennen? Wir brauchen uns nur einmal in der Welt umzusehen und sind entsetzt, wie lieblos und achtlos Menschen mit Menschen umgehen. Mit unbeschreiblicher Härte und Egoismus werden die eigenen Ziele verfolgt, ohne Rücksicht auf die Angehörigen, die oft unbeschreibliches Leid ertragen müssen. Wie dankbar bin ich, wenn ich ihnen dann bezeugen darf: Es gibt einen, der dich tröstet und der dir hilft, der dir ins Herz schaut und weiß, wie dir zumute ist. Es gibt einen, der deine Sorgen kennt und sie mit dir trägt; einen, der dich unendlich lieb hat und es gut mit dir meint: Jesus Christus.

Deshalb bin ich so dankbar, dass noch Gnadenzeit ist, dass der Herr immer wieder Menschen herausruft, ihnen mit grenzenloser Geduld nachgeht und wir als seine Werkzeuge seine einzig rettende Botschaft verkündigen, aber auch seine Wunder erleben und bezeugen dürfen.

Eines Tages kam Frau Z. zu mir. Kaum hatte sie das Zimmer betreten, sank sie schon erschöpft in einen Sessel und stieß keuchend hervor, immer wieder von Husten unterbrochen: «Ich kann nicht mehr weiter. Ich bin völlig zerrissen. Meine Tochter ist tot, meine Ehe ist zerstört, mein Haus hat man mir genommen, mein Mann ist weggegangen, und ich bin krank. Nein, ich mag und kann nicht mehr weiterleben.»

Sie war verwirrt. Da konnte ich erst einmal nur beten, dass Frau Z. innerlich zur Ruhe kommen und Jesus sie mit seinem Frieden erfüllen möchte. Der Husten quälte sie immer noch, aber sie fing doch mühsam an zu erzählen.

Ihre Tochter hatte einen Gehirntumor gehabt und musste vier schwere Operationen durchstehen. Ich denke, wir alle wissen, was das für ein Leid bedeutet. Diese Sorgen, diese Ängste, und immer wieder dieses Hoffen. Und doch war alles vergeblich. Im Alter von einundzwanzig Jahren ist sie gestorben.

Damals hatte das Ehepaar Z. gerade ein sehr schönes Haus gebaut, ja, die beiden fühlten sich dort sehr wohl und hofften, nach den langen Jahren des Bangens und Leidens in der Geborgenheit dieses Hauses endlich wieder zur Ruhe zu finden. Doch dann traf sie ein neuer Schlag. Der Mann lernte eine jüngere Frau kennen, brach die

Ehe und zog aus. Frau Z. konnte es nicht fassen. Ja, sie stand erneut vor einem Scherbenhaufen, zumal dann auch noch das Haus verkauft werden musste, weil keiner der Ehepartner in der Lage war, den anderen auszubezahlen.

Sie war verzweifelt. Sie hustete und hustete, es war ein asthmatischer Husten, und sie saß hier wie ein Häufchen Elend. Außerdem litt sie noch am ganzen Körper an Neurodermitis. Ihre Hände steckten in weißen Handschuhen, ja, sie war bei der Begrüßung weder in der Lage gewesen, mir die Hand zu geben, noch die Finger zu bewegen. Alles war von der Neurodermitis beschädigt. «Wo soll ich nur anfangen, Herr», betete ich im tiefsten Inneren, «bei so viel Not und Elend?» Da hörte ich mich fragen:

«Sind Sie Christin?»

«Ja, ich bin ja getauft», kam ihre Antwort. «Ich habe immer an Gott geglaubt und bin christlich erzogen worden.»

Da spürte ich in mir eine gespannte Wachsamkeit und musste sie fragen:

«Und Jesus? Welche Rolle nimmt er in Ihrem Leben ein?»

«Keine, Jesus brauche ich nicht, ich habe Gott.»

Ich dachte nur: «Oh Herr, erbarme dich ihrer. Sie braucht so dringend Hilfe und kennt dich nicht.»

Deshalb fragte ich sie: «Lesen Sie denn gar nicht in der Bibel?»

«In der Bibel lese ich zwar nicht, ich gehe auch nicht zum Gottesdienst, aber die Gebote halte ich», meinte sie daraufhin.

«Halten Sie denn das dritte Gebot?» fragte ich sie.

«Ja, da haben Sie Recht, das tue ich nicht. Ich renne ja schließlich nicht jeden Sonntag in die Kirche.»

Und sie gab zu, auch andere Gebote nicht ernst genommen zu haben, zum Beispiel Gott zu lieben oder seinen Namen nicht zu missbrauchen. Da erkannte sie, dass sie vor Gott schuldig geworden war. Also musste ich ihr erst einmal das ganze Evangelium erklären. Und weil sie sich am Anfang des Gesprächs auf ihre Taufe berufen hatte, begann ich damit:

«Ja, Gott hat Sie unendlich lieb, und in der Taufe hat er Ihnen zugesagt, dass Sie sein geliebtes Kind sind. Und er steht zu seinem Wort, er hält sein Versprechen. Und das gilt für alle Zeit. Doch Sie haben sich von Gott entfernt.»

Wir Menschen können einfach nicht alle Gebote halten, und unsere Sünde trennt uns von Gott. Dadurch ist eine riesige Kluft zwischen Gott und uns entstanden. Deshalb ist er selbst in Jesus Christus in diese Welt gekommen und hat durch sein Leiden und Sterben unsere Schuld auf sich genommen und sein Kreuz als Brücke über diese Kluft gelegt, die uns von Gott trennt. Somit ist die Verbindung zu Gott wieder hergestellt. Darum ist Jesus Christus der einzige Weg zurück zum Vater. Wie es auch in Johannes 14,6 heißt: «Ich bin der Weg ... niemand kommt zum Vater denn durch mich.»

Und dadurch erkannte Frau Z. Punkt für Punkt, wie sie durch das Missachten der Gebote vor Gott schuldig geworden war und dass sie Jesus dringend brauchte, ja, dass er lebensnotwendig für sie ist. Sie war tief im Innersten erschüttert. Der Husten war längst verschwunden, doch stattdessen flossen Tränen. Es war so spürbar: Jesus wirkte mächtig. Und sie hatte nur das Verlangen, ihr Leben in seine Hand zu geben, ihn als ihren Herrn anzunehmen. Sie war tief bewegt über das Bild auf der Vorderseite der Karte mit dem Lebensübergabegebet. Es zeigte ein Kind, ganz geborgen in Jesu Hand. Ja, nach solchem Frieden sehnte sie sich, solche Geborgenheit hatte sie schon lange gesucht. Sie gab das Bild gar nicht mehr aus ihrer Hand.

«Das wird bei mir zu Hause einen Ehrenplatz bekommen», versprach sie.

Als wir danach jedoch für sie beteten, stand mir die Frage vor Augen: «Haben Sie je anderen Mächten vertraut? Waren Sie vielleicht sogar wegen Ihrer Neurodermitis zum Besprechen? Wurden Sie etwa durch Zauberei beeinflusst?»

Sie bejahte, und ich konnte ihr anhand der Stelle in 5. Mose 18,10–11 erklären, dass sie auch in diesem Punkt gegen Gottes Gebot verstoßen und anderen Mächten ein Einfallstor geöffnet hatte. Sie war ganz entsetzt.

«Davon muss ich frei werden! Wie mach ich das nur? Bitte helfen Sie mir.»

«Von mir aus kann ich gar nichts tun», sagte ich ihr. «Aber Jesus hat all diese Mächte besiegt und uns in seinem Namen volle Macht gegeben über alle Gewalt des Feindes» (Lukas 10,19).

Also beteten wir und banden im Namen Jesu unter dem Schutz seines heiligen Blutes diese Mächte des Besprechens. Sie sagte sich davon los, und in seinem Namen geboten wir diesen Mächten, von ihr zu weichen. Sie atmete befreit auf, als seien Lasten von ihren Schultern gefallen.

«Fällt Ihnen eigentlich gar nicht auf, dass Sie schon lange nicht mehr husten?» fragte ich sie.

Erstaunt bestätigte sie es. Stattdessen flossen ihre Tränen immer weiter, und sie sagte erschüttert:

«Wissen Sie, ich habe schon seit Jahren nicht mehr weinen können. Ich war wie zugemauert, und ich spüre, wie sich in mir die ganze Verkrampfung löst.»

Da konnten wir Jesus nur noch bitten, ihr die Kraft zu geben, ihrem Mann und seiner jetzigen Freundin zu vergeben. Einfach alles, was die beiden ihr angetan hatten. Doch auch das fiel ihr jetzt nicht mehr so schwer. Sie hatte erfahren: Jesus macht wirklich frei. Jetzt konnten wir Jesus nur noch anflehen, dass er auch ihre Neurodermitis heilen möge. Und ich bin sicher, auch da hat er eingegriffen. Voller Zuversicht, dass Jesus auch für sie eine gute Zukunft bereithält, fuhr sie getröstet und unendlich dankbar nach Hause.

Ich kann immer nur staunen, wie groß und wunderbar unser Herr ist. Dank sei ihm dafür.

Wir sehen an diesen verschiedenen Beispielen, wie sehr Sorgen und psychische Belastungen uns zermürben und schließlich die Ursache für vielerlei Krankheiten sein können. Wir Menschen schauen unserem Nächsten nicht ins Herz. Meistens lässt dieser es auch gar nicht zu. Umso dankbarer bin ich, dass ich in diesem Gebetsdienst stehe und die Gewissheit habe: Jesus allein weiß, was tief im Herzen verborgen ist, und nur er kann helfen.

So rief mich eines Tages Ute an, eine liebe, vertraute Freundin. Sie war ziemlich ratlos.

«Ich muss dir erzählen, was mir passiert ist: Ich kann mir die ganze Geschichte gar nicht erklären. Vielleicht kannst du mir helfen.»

Und sie berichtete von ihrer alten Schulfreundin Erika. Diese litt seit langer Zeit unter Schlafstörungen. Jede Nacht ist ihr linkes Nasenloch derart verstopft, dass sie nicht nur keine Luft mehr bekommen kann, sondern gleichzeitig von panischer Angst gepackt wird, weil sie zu ersticken droht. Dann läuft sie vom Dachgeschoss, wo sich ihr Schlafzimmer befindet, die Treppe bis ins Parterre hinunter und dann wieder zurück. Danach erst bekommt sie für eine Weile Luft und kann wieder durchatmen. Dieses Spiel wiederholt sich mehrfach in der Nacht.

Daraufhin hat Ute für Erika gebetet. Doch danach geschah etwas völlig Unerwartetes. Bei Ute stellten sich genau die gleichen Erscheinungen ein. Auch ihr linkes Nasenloch war plötzlich völlig verstopft, die Atemnot packte sie, und auch sie wurde von panischer Angst und Entsetzen erfüllt. Das konnte doch nun wirklich nicht mit rechten Dingen zugehen.

«Aus diesem Teufelskreis muss ich heraus. Komm, lass uns beten.»

Und Jesus machte sie frei. Er hat doch all diese Mächte besiegt und ist immer der Stärkere. Dank sei ihm. Daraufhin gab Ute Erika meine Telefonnummer, und diese nahm sofort Kontakt mit mir auf. Sie erzählte mir, dass sie nachts wegen dieser verstopften Nase von derart panischer Angst erfüllt wird, dass sie bis zu fünfzig Mal die Treppe hinunter- und wieder hinaufgelaufen ist. Erst dann wurde das Nasenloch für eine kurze Zeit wieder frei, aber natürlich konnte sie in keiner Nacht mehr richtig schlafen. Sie hat das Kopfende im Bett schon so hoch gestellt, dass sie nur noch sitzen kann. Doch auch das hilft ihr nichts. An

Schlaf ist nicht mehr zu denken. Ist es unter solchen Umständen ein Wunder, dass sie völlig überreizt und am Ende ihrer Kraft ist?

Mir war sofort klar: Das alles konnte nur psychische Hintergründe haben. Sie erzählte, sie sei immer schon ein ängstlicher Typ gewesen. Doch seit vor anderthalb Jahren ihr Mann gestorben ist, hat sich diese Angst immer mehr zu furchtbaren Erregungsanfällen gesteigert. Die beiden hatten eine sehr glückliche Ehe geführt, und bevor ihr Mann starb, hatte er zu ihr gesagt:

«Du wirst nicht allein sein, ich bleibe bei dir. Wenn du mich auch nicht mehr siehst, so werde ich trotzdem da sein.»

So lebte sie seitdem in einer geistigen Verbindung mit ihm, als sei er noch gegenwärtig. Ich war innerlich tief erschüttert und riet ihr:

«Wenn Sie heil werden wollen, müssen Sie ihn unbedingt loslassen.»

Worauf sie antwortete: «Das kann ich nicht, aber das will ich auch nicht, sonst bin ich ja ganz allein. Ich sehe ihn zwar nicht, aber er ist da und ich spreche mit ihm. Seine ganzen Sachen liegen noch so unberührt da, wie es vor seinem Tod war. Nein, ich kann ihn nicht loslassen.»

«Und doch sollten Sie sich überwinden, es zu tun, damit Sie endlich aus diesem Gefängnis der Unruhe und der schrecklichen Angstzustände herauskommen, denn Ihr Leben geht doch weiter. Gott allein weiß Ihren Weg. Aber zuerst müssen Sie einmal frei sein für dieses neue Leben.»

«Aber nein, ich will weiter in dieser Verbindung mit meinem Mann leben. Er rät mir, was ich zu tun und zu lassen habe. Ich weiß, er ist bei mir.»

Kein noch so liebevolles Argument nahm sie an. Daraufhin riet ich ihr dringend, in Berlin, wo sie wohnt, zu einem Seelsorger zu gehen, damit sie endlich ganz heil würde. Aber nein, sie wollte weiter in dieser geistigen Verbindung mit ihrem Mann leben. Ich konnte nur beten.

«Herr, erbarme dich ihrer. Wirke du in ihr, dass sie erkennt, sie ist ja nicht allein. Du bist ja bei ihr. Du hast sie lieb und hast dein Leben auch für sie gegeben. Du allein kannst ihr helfen. Herr, sie braucht dich so dringend. Bitte greife ein.»

Doch als ich dann wegen ihrer verstopften Nase betete, geschah wieder etwas sehr Merkwürdiges. Plötzlich wurde ich angegriffen. Ein furchtbarer Hustenanfall packte mich. Er kam tief vom Magen her und war so anhaltend und heftig, dass ich überhaupt nicht zur Ruhe kam und das Gebet abbrechen musste. Ja, es bestätigte sich die Dienstanweisung an einen Unterteufel aus dem Buch von C.S. Lewis, wo der kleine Lehrling, frei zitiert, den Befehl erhält: «Wenn du siehst, dass irgendwo gebetet wird, dann musst du eingreifen. Gebet ist tödlich für unsere Sache.»

Da wollte also jemand verhindern, dass Erika geholfen wurde. Aber leider wollte sie auch keine Hilfe annehmen. Denn mein Bitten, alles loszulassen, war wiederum vergeblich. Sie wollte weiter mit dem Geist ihres Mannes zusammenleben. Schade, dabei hätte Jesus sie so gern frei gemacht. Das steht doch in Johannes 8,36: «Wenn euch nun der Sohn frei macht, so seid ihr wirklich frei.»

Später rief sie noch etliche Male an. Dabei erzählte sie einmal, dass ihre Mutter vor Jahren an einer spiritistischen Sitzung teilgenommen habe. Das muss so furchtbar gewesen sein, dass sie der

Tochter dringend geraten hatte, so etwas nie zu tun. Erika hatte diese Warnung ernst genommen und nie an derartigen Sitzungen teilgenommen. Dennoch musste ich ihr erklären, dass sie möglicherweise gerade durch diese Schuld der Mutter gebunden sein könnte, denn in 4. Mose 14,18 steht: Gott sucht die Schuld der Väter heim an den Kindern bis ins dritte und vierte Glied.

So musste ich ihr leider sagen: «Auch Sie sind wahrscheinlich durch diese Schuld belastet. Bitte, gehen Sie zu Ihrem Seelsorger. Es ist ganz wichtig für Sie, damit Sie endlich frei werden.»

Sie rief in größeren Zeitabständen immer wieder an. Und doch hat sie meinen Rat nicht befolgt. Dabei hätte Jesus ihr so gern diese ganze Sorgenlast abgenommen. Sie tut mir in tiefster Seele leid. Ich frage mich oft, warum wir Menschen es uns nur so schwer machen, diese Liebe und Barmherzigkeit unseres Herrn anzunehmen. Warum verlassen wir uns immer nur auf Menschen, wo wir doch wissen: Jesus hat schon alles für uns getan?

Es ist wirklich oft ein langer, schwerer Weg, bis wir zu dieser Erkenntnis kommen. Doch es lohnt sich.

Diese Erfahrung durfte auch Frau Kö. machen, und zwar nach einer mühevollen, unendlich schmerzhaften Leidenszeit. Es ist drei Jahre her, seit sie in Begleitung einer Freundin zu mir kam. Vor sechs Jahren war sie an Krebs erkrankt, doch wie sie erzählte, war er wunderbar ausgeheilt, wie es ihr auch in jeder Nachuntersuchung bestätigt wurde. Doch jetzt, erzählte sie, sei sie auf der Treppe gestürzt und habe sich das Steißbein gebrochen. Sie litt unter so furchtbaren Schmerzen, dass sie nur mühsam und auf zwei Krücken gestützt langsam Schritt für Schritt gehen konnte. Auf einem Stuhl zu sitzen war ihr unmöglich. Also legte sie sich gleich auf die Couch und hob die Oberschenkel senkrecht an, die mit den abgewinkelten Unterschenkeln gleichsam ein Quadrat bildeten, das dann mit Kissen ausgefüllt wurde. In dieser Haltung konnte sie ihre Schmerzen einigermaßen ertragen. Sie war gekommen, um mit mir gemeinsam zu Jesus zu beten, er möchte sie doch von ihren furchtbaren Schmerzen befreien.

Einige Zeit nach dem Sturz war sie zu einem Orthopäden gegangen, der nach einer Röntgenaufnahme diagnostizierte, dass zwar ein Wirbel angebrochen gewesen war, dass dieser nunmehr aber doch verheilt zu sein schien. Allerdings war die Wirbelsäule etwas verdreht, so dass er ihr Dehn- und Streckübungen verordnete. Im Gebet legten wir Jesus diese ganze Situation hin, und doch schrie alles in mir:

«Herr, bitte lass nur den Krebs nicht wieder ausgebrochen sein.» Das ganze Krankheitsbild schien mir sehr darauf hinzuweisen, weil sie überall an den Knochen Schmerzen hatte: im Rippenbogen, an der Wirbelsäule, im Lenden- und Hüftbereich. Ich konnte wirklich nur bitten: «Oh Herr, hilf, greif ein!»

Ja, ich war tief betroffen, wie furchtbar diese Frau leiden musste. Da konnte wirklich nur Jesus helfen. So schien es mir am wichtigsten, ihr in dieser Situation erst einmal das ganze Evangelium zu verkündigen. Ich sprach von Jesu Liebe, seinem Opfer für uns, seinem Sieg über den Tod und alle Mächte und von seiner Auferstehung. Wie war ich froh, dass Frau Kö. und auch ihre Freundin erkannten: Ja, wir brauchen Jesus. Und sie übergaben ihm beide ihr Leben und nahmen Jesus als ihren Herrn an.

So durfte ich ihnen im Namen Jesu zusagen: «Er hat Ihr altes Leben mit in den Tod genommen und Ihnen das neue gegeben, das in Ewigkeit nicht endet.» Was ist das für ein Geschenk! Welche Gnade durften sie beide erfahren, denn auch ihre Schuld und Sünde bekannten sie vor unserem Herrn. Ja, sie wollten endlich ganz frei sein und in dieser Gewissheit das neue Leben mit ihm beginnen.

Wie gut war es, dass Frau Kö. diese Entscheidung getroffen hatte, denn die Schmerzen wurden nach einiger Zeit so unerträglich, dass sie in eine Klinik gehen musste. Und es stellte sich tatsächlich heraus, ihre Knochen waren voller Metastasen. In den Schultern, den Rippen, dem Becken- und Hüftbereich und auch in der Wirbelsäule hatten sie sich tief eingefressen. Ja, ein Wirbel fehlte schon fast vollständig. Was war das für eine grausame Leidenszeit. Da konnte wirklich nur noch Jesus helfen.

Und so beteten wir immer wieder: am Telefon und besonders vor all den nun folgenden Strahlenbehandlungen. Und auch jede anschließende Chemotherapie wurde umbetet. Alles legten wir Jesus hin, den Sitz der Nadeln zum Einlaufen der Chemo, deren richtige Zusammensetzung, und vor allen Dingen beriefen wir uns auf Jesu Wort, dass das Gift ihr nicht schaden würde, so dass sie nicht auch noch Nebenwirkungen ertragen müsse. Denn Jesus hat ja in Markus 16,18 gesagt, dass uns etwas Giftiges nicht schaden kann.

Und tatsächlich, sie vertrug die Chemo derart gut, dass die Ärzte nur staunen konnten. Dabei hatte einer der Ärzte der Freundin von Frau Kö. gegenüber geäußert, sie würde das Weihnachtsfest wohl nicht mehr erleben. Ja, so sind die Menschen, denn aus ärztlicher Sicht war eine Besserung für eher unwahrscheinlich gehalten worden. Frau Kö. hatte sich im Bett ja nicht einmal mehr bewegen können. Nein, mit Hilfe eines Stecklakens musste sie gedreht werden, weil sie kein Glied bewegen konnte. Und das Kopfteil der Matratze durfte nur um zehn Grad angehoben werden, auch beim Essen. So lag sie ein dreiviertel Jahr lang: unbeweglich. Es ist unvorstellbar.

Dann endlich ging es Schritt für Schritt ganz langsam wieder bergauf. Sie lernte wieder, ihre Glieder zu bewegen, und was niemand für möglich gehalten hatte, das geschah. Schließlich bekam sie ein Stützkorsett angemessen und begann im Bett vorsichtig gymnastische Übungen zu machen. Ich höre noch ihren Jubel, als sie zum ersten Mal auf der Bettkante sitzen konnte. Und als sie sogar Bodenhaftung unter ihren Füßen verspürte, weinte sie vor Freude. Wir konnten alle nur Gott loben und preisen und ihm danken für dieses Wunder, das er an ihr getan hat.

Bald danach versuchte sie erste Schritte im Gehwagen und wurde sogar an Weihnachten aus dem Krankenhaus entlassen, was vorher niemand für möglich gehalten hatte. Sie trainierte weiter in einer Reha-Klinik, allerdings immer noch unter ständiger Behandlung mit Chemotherapie und natürlich andauerndem Gebet. Es war sichtbar, unser Herr war mächtig am Wirken. Was war es für ein Fest für sie, als sie zum ersten Mal im

Rollstuhl hinausgefahren wurde. In ihr jubelte alles:

«Neues Leben ist mir geschenkt worden!»

Wir alle konnten unseren Herrn nur loben und ihm aus tiefstem Herzen danken.

Im Frühjahr des nächsten Jahres war sie so weit wiederhergestellt, dass sie auf Krücken erneut zu mir kommen konnte. Doch wie staunten wir über ihr Aussehen. Die neu gewachsenen Haare waren nicht zu bändigen. Sie standen wie ein Hahnenkamm auf ihrem Kopf, wie es oft bei einem neugeborenen Kind der Fall ist. Und so war ihr auch zumute.

Sie wollte ihr altes Leben mit allen Bindungen jetzt vor Jesus ablegen und gereinigt ganz neu mit ihm beginnen. Anhand meines Buches war ihr nämlich klar geworden, welchen Mächten sie vertraut hatte, um damals, als der Krebs zum ersten Mal ausgebrochen war, möglichst viele Hilfskräfte in Anspruch zu nehmen und schnell gesund zu werden. Sie hatte gependelt, um einen Blick in ihre Zukunft tun zu können, und dazu Tai Chi betrieben. Außerdem hatte sie die kosmischen Energien durch einen Geistheiler anzapfen und auf sich übertragen lassen (vor so etwas warnt Paulus in Kolosser 2,8 ausdrücklich).

In den Meditationsübungen des Yoga hatte sie gehofft, Ruhe zu finden. Doch da sie sogar ein persönliches Mantra besaß, hatte sie leider einen ganz anderen Gott angebetet, um von dorther Frieden und Hilfe zu erfahren. Von diesen Belastungen wollte sie nun unbedingt frei werden. Was für einen Sack voller schwerer Steine trug sie nur mit sich herum! Es war erschütternd, aber nach Matthäus 18,18 durften wir im Namen Jesu all diese Mächte binden, denen sie vertraut hatte. Sie sagte sich Punkt für Punkt davon los, und in der Vollmacht, die Jesus allen Glaubenden über die ganzen Gewalten des Feindes gegeben hat, ist sie frei geworden.

Aber sie stand auch noch in der Erbschuld des Vaters, der seinem Leben selbst ein Ende gesetzt hatte. Denn nach 4. Mose 14,18 sucht Gott die Schuld der Väter heim an den Kindern bis ins dritte und vierte Glied. Und sie selbst hatte ebenfalls einen Selbstmordversuch unternommen. Diese ganze Schuld brachte sie vor Jesus und bat ihn in tiefer Reue um Vergebung, die wir ihr dann in der Glaubensgewissheit im Namen unseres Herrn (nach Johannes 20,23) zusagen durften.

Oh, wie war sie erleichtert. Ja, Gottes Geist wirkte mächtig. Plötzlich stellte er ihr noch eine schwere Sünde vor Augen.

«Denken Sie nur, Frau Anton, was ich getan habe. Ich schäme mich zutiefst. Ja, vor Jahren habe ich eine esoterische Schulung mitgemacht, die zum Ziel hatte, mich selbst zu lieben, mich selbst im tiefsten Inneren zu erkennen und mir zu helfen. Um mich zu ehren, hatte die ganze Gruppe für mich ein Fest veranstaltet, und zwar – in einer Kirche. Wir tanzten dort zu lauter Disco-Musik, Alkohol wurde ausgeschenkt, es wurde gegessen, und viele Lobeshymnen wurden auf mich gehalten. Oh, wie schäme ich mich, dass ich dadurch die Kirche entheiligt habe. Dabei war ich noch so töricht, in der Kirche Gott zu danken, dass mir für mein großes Fest und zur Ehre meiner Person dieser Raum zur Verfügung gestellt worden war. Wie war ich nur verirrt. Was für Wege bin ich nur gegangen? Oh Herr Jesus, vergib mir.»

Und wir durften ihr zusagen, dass unser Herr ihr alle Schuld und Sünde vergeben und sie für Zeit und Ewigkeit ausgelöscht hat. Voller Dankbarkeit konnten wir Jesus loben und ihn preisend anbeten. Doch als sie aus ihrem Leben erzählte, stellten wir fest, wie viele Verletzungen ihr Herz noch belasteten. Sie war das siebte von acht Kindern und leider ohne Liebe und Annahme aufgewachsen.

Sie musste immer die abgetragenen Kleider der älteren Geschwister tragen und wurde von ihren Mitschülern sehr gehänselt. Zur Konfirmation konnten die Eltern ihr kein schwarzes Kleid kaufen; sie sollte ein lilafarbenes, das sie schon besaß, anziehen. Aber nein, das wollte sie nicht. Sie schämte sich zu sehr. Daraufhin hat sie sich gar nicht konfirmieren lassen. Auch mit ihren Geschwistern verstand sie sich nicht gut. Da sie am Tag vor dem Selbstmord ihres Vaters mit ihm gestritten hatte, gaben sie ihr unterschwellig die Schuld an seinem Tod. Sie behandelten sie entsprechend abwertend, so dass sie starke Schuldgefühle entwickelte.

Auch während ihrer Krankheit hatten die Geschwister sich kaum um sie gekümmert. Ja, selbst ein Bruder, der um die Ecke wohnte, war ein dreiviertel Jahr lang nicht bei ihr gewesen. So etwas tut weh. All diese Verletzungen brachte sie weinend zu Jesus ans Kreuz. Ich war unendlich dankbar, dass sie dort alle Last und alle Sorgen ablegte und von unserem Herrn die Kraft bekam, all denen, die ihr so wehgetan und sie so gedemütigt hatten, zu vergeben.

Sie war auch einmal bei einer spiritistischen Sitzung anwesend, bei der Tote befragt wurden.

Und sie hatte mit dem Geist des Vaters und der Großmutter Kontakt aufgenommen. Grauenhaft soll das gewesen sein, es erschütterte sie tief. Wie waren wir dankbar, dass Jesus das alles aufdeckte, so dass sie endlich durch ihn völlige Befreiung und Heilung erfahren durfte. Das war aber auch notwendig. Seit ihrer Lebensübergabe spürte sie: Ja, der Herr lebt, er ist da. Und er hatte sie ja durch diese schwere Krankheit hindurchgetragen.

Doch jetzt endlich merkte sie, dass sie wahrhaft frei war. Alles jubelte in ihr, diese furchtbaren Lasten hatte der Herr von ihren Schultern genommen. Und er tat immer wieder Wunder über Wunder an ihr. Er kapselte die Metastasen weiter ab, so dass von ihnen nichts mehr gefunden wurde. Ihre Muskeln und Gelenke erstarkten, so dass sie sogar lernte, ohne Gehhilfen einen Fuß vor den andern zu setzen. Neue Kraft durchströmte sie, aber wir beteten weiter, dass Jesus eine vollständige Heilung schenken möge.

Ende Mai war sie so weit wieder hergestellt, dass sie einen langen Spaziergang am Strand wagte; zwar noch mit dem Stützkorsett, aber doch schon ohne jede Gehhilfe. Die behandelnden Ärzte des Krankenhauses standen höchst überrascht vor diesem Phänomen:

«Sie gehen hier? Wo ist denn Ihr Rolls Royce, der Rollstuhl? Eigentlich dürften Sie das ja gar nicht!»

Sie benutzte das Korsett immer seltener, bis sie es eines Tages ganz vergaß. Ich betete noch immer für sie, doch längere Zeit hörte ich dann nichts mehr von ihr. Bis sie eines Tages anrief und sagte:

«Ich war in Griechenland und habe dort wunderschöne Spaziergänge gemacht.»

Und somit hatte sie nun in vielerlei Hinsicht an die Zeit vor ihrer Erkrankung angeknüpft. Ich konnte nur staunen. Was haben wir für einen großen Gott! Sie kann sich wieder allein duschen und anziehen, ja, sie fährt sogar wieder mit dem Auto und trainiert fleißig auf dem Home-Trainer. Sie macht selbst ihren Haushalt wieder allein, kann Reisen unternehmen, geht schwimmen, ja, sogar tanzen.

Doch das Wichtigste für sie ist: Sie hat Jesus gefunden; aber nicht nur das, er füllt sie und ihre Zeit ganz aus. Sie geht regelmäßig in einen Bibelkreis, weil sie einen unbändigen Hunger nach seinem Wort und nach seiner Wahrheit hat. Und man sieht es ihrem strahlenden Auftreten an, Jesus ist in ihr. Das ist das neue Leben, das ist die große Freude, die sie ausfüllt. Dank sei unserem allmächtigen Gott!

Ich denke, in diesem Bericht erfüllt sich wieder einmal die Verheißung unseres Herrn, die er uns in Johannes 14,13 zusagt: «Und was ihr bitten werdet in meinem Namen, das will ich tun, damit der Vater verherrlicht werde in dem Sohn.» Ja, diese wunderbare Heilung dient wahrhaft zur Verherrlichung unseres großen Gottes. Ich habe diesen Bericht mit Absicht so ausführlich erzählt, um den vielen Menschen Hoffnung zu geben, die die Diagnose «Krebs» hart trifft und die dann oft resignieren. Bitte werfen Sie Ihr Vertrauen nicht weg, und verzweifeln Sie nicht, sondern lassen Sie sich von der Gewissheit tragen: Unser Herr ist immer noch größer und stärker als jede Krankheit. Die Macht, die er uns in seiner großen Gnade mit dem Angebot des Gebets in die Hand gegeben hat, zerschlägt auch Ihre Sorgen.

Vertrauen Sie auf Gott! Was auch immer Sie bedrücken und beschäftigen mag: Er weiß den weiteren Weg.

So kam eines Tages Familie G. mit zwei Söhnen im Alter von zwölf und acht Jahren und einer fünfjährigen Tochter zu mir ins Gebet. Sie alle hatten Warzen und waren deshalb schon zum Besprechen gewesen. Nur – es hatte nichts geholfen. Die Warzen waren unverändert geblieben, und bei dem zwölfjährigen Sohn hatten sich zusätzlich noch Asthma und Neurodermitis eingestellt. Er war sehr lebhaft und bevormundete gern den jüngeren Bruder, der es als Legastheniker sowieso nicht so leicht hatte, denn er galt als schwieriges, ungeduldiges Kind.

Hier bei mir allerdings war er sehr ruhig. Und alle fünf, die Kinder und auch die Eltern, hörten sehr aufmerksam zu, als ich ihnen das Evangelium bezeugte und von Jesu Rettungstat für uns Menschen berichtete. Das war für alle sehr spannend. Natürlich musste ich dann auch von dem Gegenspieler Gottes erzählen, dem sie sich durch das Besprechen ausgeliefert hatten. Gott warnt uns ja in 5. Mose 18,10 ausdrücklich vor den Mächten der Zauberei. Und alle erkannten: «Nein, damit wollen wir nichts mehr zu tun haben. Davon wollen wir befreit werden.»

Also beteten wir und banden nach Matthäus 18,18 im Namen Jesu die Mächte des Besprechens. Die ganze Familie sagte sich los davon, und im Namen Jesu wurden diese Bindungen gelöst. Und sowohl die Eltern als auch die Kinder erlebten die Befreiung von diesen Fesseln. Dann baten wir Jesus, er möchte doch die Warzen absterben lassen, damit sie abtrocknen und abfallen sollten, und dankten unserem Herrn schon jetzt für alles, was er an der ganzen Familie tun würde.

Und tatsächlich – zwei Wochen vergingen, dann war die ganze Familie von allen Warzen befreit. Nicht eine einzige ist mehr übrig geblieben. Aber nicht nur das, auch sonst hat Jesus in dieser Familie eingegriffen. Die Kinder sind ruhiger und ausgeglichener geworden, und das Eheleben ist heute voller Frieden und Harmonie. Frau G. ist völlig überwältigt und unendlich dankbar. Das hatte sie nicht erwartet. Nun wollte sie mehr von Jesus wissen und hat ihr Leben in seine Hand gegeben.

Einige Wochen später kam sie mit ihrem Vater, der an Dornwarzen unter den Füßen litt. Außerdem hatte er starke allergische Ausschläge an den Armen und Unterschenkeln, und immer wenn sich diese Pusteln mit Flüssigkeit gefüllt hatten, kratzte er sie auf, weil er meinte, den Juckreiz nicht mehr ertragen zu können. So waren seine Arme und Beine vollkommen verschorft. Es sah schon sehr erschreckend aus.

Mit einfachen Worten und ganz großer Liebe erklärte ich ihm zuerst das Evangelium. Doch er wollte mir partout nicht glauben, wenn ich ihm entsprechende Bibelstellen vorlesen ließ, sondern sagte jedes Mal:

«Kann ich das selbst einmal lesen? Bitte zeigen Sie es mir doch einmal!» Und dann las er und musste feststellen, genau das hatten wir ihm eben gesagt. So ein Misstrauen war mir noch nie begegnet. Aber nun gut, ich ließ ihn. Sollte er sich doch selbst überzeugen! Aber je mehr er las, desto stiller wurde er. Und sein Gesicht verhärtete sich mehr und mehr. (Solche Reaktionen meiner Gesprächspartner kann ich übrigens trotz meiner Augenkrankheit, einer Macula Degeneration, und meiner fast vollständigen Blindheit doch immer noch feststellen, weil ich – Gott sei Dank – aus den Augenwinkeln noch gewisse Dinge ganz schwach erkennen kann.) Dieser Mann war nicht bereit, Gottes Wort für sich in Anspruch zu nehmen. Nein, sagte er, darüber müsste er erst noch nachdenken – obgleich wir ihm alle entsprechenden Bibelstellen in ganz großer Liebe und Einfachheit erklärt hatten. Doch plötzlich mochte er nicht mehr weitermachen, sondern sagte unvermittelt zu seiner Tochter:

«Wollen wir jetzt nicht gehen?»

Dabei hatten wir noch gar nicht miteinander gebetet. Er wollte sich lieber alles noch einmal überlegen. Zweimal waren diese Dornwarzen schon herausgeschnitten worden, doch sie waren immer wieder nachgewachsen. Außerdem hatte sich herausgestellt, dass er zum Besprechen gewesen war, um diese Warzen endlich loszuwerden. Doch auch das hatte nichts genützt. Wir erklärten ihm behutsam, welchen Mächten er sich da ausgeliefert hatte, und seine Tochter bestätigte ihm noch einmal, dass sie mit ihrer ganzen Familie hier bei uns gewesen war und Jesus sie von allen Warzen geheilt hatte. Sie machte es ihm noch einmal eindringlich klar. Aber nein, er wollte nicht.

Stattdessen wurde ich von einem furchtbaren Hustenanfall gepackt, der kein Ende nehmen wollte. Aus dem Magen heraus kam er, wie so oft, wenn fremde Mächte am Wirken sind. Der Husten hörte und hörte nicht auf. Und Frau G.'s Vater wollte sich nicht lossagen. Nein, dazu war er nicht bereit. Er erkannte nicht, dass es ein falscher Weg gewesen war, den er gewählt hatte. Sein Mund war hart und völlig verkrampft. Wie ein Strich, fest verschlossen. So konnte ich Jesus nur um Erbarmen bitten, dass er ihm nachgehen möge. Doch schon war der Mann draußen. Die Gegenüberstellung mit unserem Herrn hielt er nicht aus.

Schade, dass er mit Jesus nichts zu tun haben will, aber Jesus zwingt ja keinen. Entscheiden müssen wir uns schon selbst. Dabei bin ich ganz sicher, Jesus hätte ihm so gern all diese Sorgen und Schmerzen abgenommen. Warum haben wir Menschen nur so ein merkwürdiges Talent, uns selbst das Leben schwer zu machen, anstatt uns in Jesus hineinfallen zu lassen? Er hat doch seinen Plan mit uns längst fertig. Ich gebe zu, ich begreife seine Wege manchmal auch nicht, doch im Nachhinein erkenne ich immer wieder die unfassbare Weisheit seiner Führung und füge mich gerne in sie.

Wir dürfen Lernende sein, so lange wir auf dieser Erde leben. Ist das nicht auch ein ganz großes Geschenk? Denn Jesus ist uns doch wirklich das beste Vorbild.

Wie oft beklagen sich kranke, sensible Menschen bei mir über verhärtete Beziehungen zu Mitbewohnern ihres Hauses. Wie hat Jesus denn reagiert, als er ungerecht beschuldigt wurde? Er hat doch für seine Verleumder sogar um Vergebung gebeten. Warum wagen wir nicht den ersten Schritt zur Versöhnung? Weil wir im Recht sind? Alles schreit doch in uns: «Ich? Nein, ich gebe nicht nach. Soll der andere doch kommen! Ich beharre auf meinem Recht!» Und was haben wir davon? *Wir* sind doch die, die da leiden. *Wir* werden doch krank. Und unser Herz verhärtet sich mehr und mehr. Es sind doch immer die anderen schuld. Wir können keinen Menschen verändern – lernen wir deshalb, ihn so anzunehmen, wie er ist.

So kam eines Tages Frau M. mit einem befreundeten Ehepaar zum Beten, weil sie sich von Jesus Rat und Hilfe erhoffte. Sie litt seit langer Zeit unter Depressionen, die Jahr für Jahr erneut auftraten. Sie wurde dann für mindestens drei Monate in psychiatrische Kliniken eingeliefert, machte dort schwere Zeiten durch und fand trotzdem keine Heilung. Die offensichtliche Ursache ihrer Krankheit lag in den ständigen Streitereien mit dem Hauswirt.

Nun war vor fünf Monaten erneut ein Brief mit Beschuldigungen von ihm gekommen, und sie litt seitdem wieder unter diesen tiefen Depressionen. Im gleichen Haus wohnt übrigens ein Ehepaar, das mit dem Hausbesitzer befreundet ist. Sie sind Mitglieder einer Sekte, und Familie M. nimmt an, dass auch der Hauswirt dazugehört. Beide Familien grüßen einander schon lange nicht mehr, wenn sie sich begegnen. Nein, jeder ist dem anderen einfach nur ein Ärgernis. Und Wut kommt in ihnen hoch, wenn sie aneinander vorbeigehen. Also verkehren sie nur noch schriftlich miteinander – oder dann über die Anwälte.

Was für eine furchtbare Atmosphäre muss nur in so einem Hause herrschen. Dort fehlt einem wirklich die Luft zum Atmen, und die Freude am Leben geht vollständig verloren. Ist es da ein Wunder, wenn man depressiv wird? Mehrere Prozesse haben diese beiden Familien wegen der vielen Streitereien schon gegeneinander geführt.

Denn Herr M. lässt sich die ungerechten Beschuldigungen nicht bieten und ruft deshalb ständig den Rechtsanwalt auf den Plan.

Es ist doch nur zu verständlich, wenn seine Frau daran kaputtgeht. Sie kann diesen täglichen Ärger einfach nicht mehr ertragen. In all diesem Leid hat Frau M. vor einem Jahr zu Jesus gefunden. Ihr Mann kann diesen Weg zwar nicht nachvollziehen, aber er duldet, dass sie in den Gottesdienst geht. Dagegen verspottet er sie leider, wenn sie über ihren Glauben spricht. Schade! Auch das ist ihr natürlich eine schwere Last. Sie versucht all diese Verletzungen wegzustecken und leidet weiter in sich hinein. Hinzu kommt, dass er sie in seiner Verbitterung auch noch mit Flüchen belegt, die sie sogar bestätigt. «Ich bin nichts, ich kann nichts, ich tauge nichts», sagt sie.

Ja, ist es da ein Wunder, dass diese Frau inzwischen voller Komplexe ist und keinerlei Lebensmut und Freude mehr hat? Oh, ich kann sie so gut verstehen und bin dankbar, dass sie bei Jesus Hilfe sucht. So stellten wir uns alle erst einmal unter den Schutz des heiligen Blutes unseres Herrn. Und dann baten wir ihn, da er ja überall gegenwärtig ist, ihr Haus von den Götzen der Sekte zu reinigen und sie selbst von all den negativen Prophetien, die ihr Mann und andere ihr auferlegt hatten, zu befreien. Ja, wir widerriefen sie im Namen Jesu, so dass all diese negativen Aussagen sie nicht mehr herunterziehen konnten.

Danach war es mir sehr wichtig, für all die Menschen zu beten, unter denen sie jahrelang hat leiden müssen. Ich sagte ja schon, wir können niemanden verändern. Aber wenn wir betend Jesu Liebe und Segen auf jemanden legten, der es sehr böse mit uns meinte, dann konnten wir oft nur staunen, wie unser Herr an jenem Menschen wirkte und ihn in einer Weise verwandelte, dass Versöhnung geschehen und wieder gute Beziehungen entstehen konnten.

So beteten wir also in dem ganz tiefen Vertrauen, dass Jesus auch hier helfend eingreifen, alles Feindliche zerschlagen und endlich wieder ein friedliches Miteinander unter den Familien herstellen möchte. Wie waren wir dankbar, dass Frau M. plötzlich das Bedürfnis verspürte: «Ja, ich will dem Hauswirt und seinen Freunden vergeben. Ich weiß, ich kann es jetzt tun. Ich will endlich diesen ganzen Ballast loswerden.» Danach rieten wir ihr:

«Wie wäre es, wenn Sie nach Ihrer Heimkehr mit einem wunderschönen Blumenstrauß zu Ihren Mitbewohnern gehen und einen Neuanfang vorschlagen würden, damit endlich Versöhnung geschieht, Frieden im Haus einkehrt und Sie wieder ganz heil werden?»

So konnten wir Jesus nur bitten: «Herr, wirke du durch deinen Heiligen Geist, damit dort erste Schritte der Versöhnung geschehen und Frau M. Zeugin deiner Liebe sein darf. Und bitte heile sie von ihren Depressionen, verwandle ihre Traurigkeit in die Freude, dass du sie frei gemacht hast. Und bitte verändere du die Hausbewohner, dass auch sie bereit sind, den alten Streit zu begraben, damit endlich wieder eine gute, friedliche Atmosphäre zwischen beiden Parteien entsteht.»

Und wir legten Jesu Liebe und Segen auf beide Familien in der Gewissheit, dass er wirken wird. Denn ihm ist ja nichts unmöglich. Voller Dankbarkeit und unbeschwert konnte sie nach Hause fahren. Was haben wir für einen großen Gott! Ich kann immer nur staunen.

Mir ist es so wichtig zu erkennen, dass Jesus in alle Bereiche unseres Lebens eindringt. Er ist der Herr und absolut souverän. Er kann alles, er weiß alles – und er zeigt es uns, wenn wir nur aufmerksame Hörer sind. Da fällt mir gerade eine kleine Begebenheit ein, die ich Ihnen gerne erzählen möchte; eine Begebenheit, die vielleicht manchen Leserinnen und Lesern eine Hilfe sein und sie zum Nachdenken anregen könnte.

Die Mitglieder unserer Gruppe hatten sich zu einem Gebets- und Bibelabend zusammengefunden. Solche Treffen beginnen wir immer mit einem Lob- und Anbetungsteil. Nach dem Anfangsgebet wird dann den Mitgliedern Raum gegeben, zu erzählen, was sie in der vergangenen Woche mit Jesus erlebt haben. Dabei geht es immer recht munter zu. Doch als ich an diesem Abend in die Runde schaute, sah ich Gretel blass und fast teilnahmslos zusammengesunken in einem Sessel sitzen. Erschrocken fragte ich:

«Ist dir nicht gut? Fehlt dir etwas?»

«Nein, nein», wehrte sie fast resignierend ab.

Ich war höchst alarmiert. So interesselos und apathisch hatte ich sie noch nie erlebt. Da brach es auch schon aus ihr heraus.

«Ich kann einfach nicht mehr. Ich kann mich nicht mehr aufrecht halten.»

«Komm», sagte ich, «wir gehen nach nebenan und beten erst einmal.»

Dort stützte sie den Kopf in beide Hände, während ich Jesus um Hilfe und Stärkung für sie bat. Doch ihr Zustand änderte sich nicht, so dass ich kurz entschlossen sagte:

«Weißt du, du gehörst ins Bett. Ich werde mit dir nach Hause fahren.»

Sie wehrte zwar ab, doch ich ließ mich nicht beirren. Ich konnte sie doch in diesem Zustand nicht allein nach Hause fahren lassen – ausgeschlossen. Das wäre verantwortungslos gewesen. Das war mir viel zu unsicher. Nicht auszudenken, wenn ihr unterwegs etwas passieren würde. Nein, ich konnte sie nicht allein fahren lassen. Und so gab ich die Leitung des Abends an einen Mitarbeiter ab, und wir fuhren langsam los. Ich betete innerlich: «Herr, bitte lass uns sicher nach Hause kommen, gib du Gretel noch die Kraft dazu.» Da kam ein Bahnübergang, die Schranke war geschlossen, und wir mussten halten. Und plötzlich stand vor mir die Frage: «Sag mal, Gretel, wann hast du zuletzt etwas getrunken?» Ich war selbst ganz erstaunt, woher kam das wohl? War das etwa die Antwort auf mein Gebet?

«Getrunken?» fragte sie gedehnt zurück, «ja, heute morgen habe ich zwei Tassen Kaffee getrunken.»

«Und dann?» fragte ich gespannt. «Noch was?»

«Nein», sagte sie, «mehr war es heute nicht.»

Aber nun geschah plötzlich etwas Unerwartetes. «Ich habe Durst», rief sie, aus ihrem Trancezustand erwachend. «Furchtbaren Durst.» Und sie wurde plötzlich von neuem Mut erfüllt.

«Komm», reagierte ich, «kehren wir um. Du musst erst einmal etwas trinken. Du bist ja völlig ausgetrocknet.»

Die Gruppe war natürlich überrascht, dass wir so schnell zurückgekommen waren, und freute sich mit uns über Gottes Wegweisung, während unsere Gretel mehrere Gläser Selterswasser austrinken musste. Und eine erstaunlich schnelle Veränderung trat ein. Die Blässe und die Müdigkeit wichen, ja, sie war bald wieder die alte Gretel. Es wurde ein sehr guter Abend. Denn natürlich sprachen wir über das eben Erlebte und über das, was Jesus uns allen dadurch zeigen wollte, einem jeden Einzelnen ganz persönlich: dass wir nämlich verantwortungsbewusst mit unserem Körper umgehen müssen. Dann sorgt er für uns! Er hat es uns zugesagt in 1. Petrus 5,7: «Alle eure Sorge werft auf ihn; denn er sorgt für euch.»

So war für uns alle dieser Abend eine sehr interessante Lehre. Es ist wahrhaft spannend, auf die Stimme unseres Herrn zu hören. Doch wir müssen sehr wachsam sein, dass wir uns nicht durch Stimmen, die von der anderen Seite kommen, in die Irre führen lassen. Nicht umsonst schreibt Petrus in seinem 1. Brief, Kapitel 5: «Seid nüchtern und wacht, denn euer Widersacher, der Teufel, geht umher wie ein brüllender Löwe und sucht, wen er verschlinge.»

Und wie oft erzählen mir Menschen, die in Not sind oder waren und deshalb andere Hilfsangebote in Anspruch genommen haben: «Aber es hilft doch auch! Es wirkt doch auch!»

Gewiss, auch der Feind hat Macht. Aber wie sind wir gebunden, wenn wir ihm Raum geben! Und welchen Preis fordert er? Es wird nur immer schlimmer mit uns.

Eines Tages kam Frau O. mit ihren beiden Töchtern Renate und Rita zum Gebet. Renate ging mühsam auf zwei Krücken gestützt. Offensichtlich litt sie an einer Behinderung der Motorik, und auch geistig war sie etwas beeinträchtigt. Die Mutter erzählte.

Die beiden Mädchen sind Zwillinge, und es war eine sehr schwere Geburt gewesen. Eigentlich hätte Renate als Erste geboren werden sollen, doch es wollte und wollte nicht vorangehen. Dadurch erlitt sie starken Sauerstoffmangel. Schließlich entschieden sich die Ärzte für einen Kaiserschnitt. So wurde Rita als Erste geboren. Sie ist gesund und ein munteres, quirliges Mädchen, während ihre Schwester Renate noch heute unter den Mangelerscheinungen leidet.

Was ist das für eine Sorge für eine Mutter, aber sicher auch für das Kind, das so sehr unter dieser Behinderung leidet. Was hatte Frau O. nicht alles unternommen, um ihrer Tochter zu helfen. Mehrere Ärzte hatte sie konsultiert, doch der Zustand ihres Kindes hatte sich nicht verändert. Ja, sie sind sogar zu berühmten Kapazitäten nach Amerika und Ungarn gereist. Doch alles war vergeblich. Niemand konnte helfen.

In dieser verzweifelten Situation fuhr Frau O. mit ihrer Tochter nach Holland zu einer Geistheilerin. Sie wurden gar nicht erst aufgeklärt über das, was dort stattfinden sollte, sondern gleich in einen großen Raum geführt, in dem ringsherum an den Wänden nur Stühle standen. Während sich die Geistheilerin in die Mitte setzte und das Kind auf den Schoß nahm, füllte sich allmählich der Raum, bis alle Stühle besetzt waren. Die Anwesenden murmelten irgendwelche Gebete, natürlich völlig unverständlich.

«Es war eine grausige Atmosphäre», erzählen sie beide. Dazu wurde noch ein saftiges Honorar gefordert. In der Folge allerdings traten bei dem Kind Heuschnupfen und ein starkes Ekzem im Nacken auf. Es ist doch bekannt, dass die Mächte ihren Preis fordern. Mich erstaunte gar nicht, dass es so kommen musste. Das ist eine Erfahrung, die wir immer wieder machen.

Und Frau O. forschte weiter. Es ist doch nur zu verständlich, dass eine Mutter in einer derart verzweifelten Lage immer wieder versucht, irgendwelche Heilmethoden in Anspruch zu nehmen. Und – man empfahl ihr eine ganzheitliche Behandlung in Süddeutschland. Dort sollen, so sagten die Ratgeber, durch Musik, Klang-Therapien und ein Zurückversetzen in den embryonalen Zustand bereits gute Heilerfolge erzielt worden sein.

Also nichts wie hin, dachte Frau O. Schade, dass sie immer noch nicht auf die Idee kam, zum besten Arzt, zu unserem Herrn Jesus Christus, zu kommen. Sie hätte ihrer Tochter und sich selbst viel Schweres erspart.

In Süddeutschland angekommen, musste die Mutter eine Kassette besprechen. In der Verbindung mit Musik, die zu diesem Zweck dazu aufgenommen worden war, sollte das Kind diese Kassette zu Hause per Kopfhörer immer wieder anhören.

Aber wie groß war das Entsetzen der Mutter, als sie nach einiger Zeit feststellte, dass die Tochter – immerhin war sie jetzt elf Jahre alt – sich wirklich zurückentwickelte, so dass Erscheinungen wie in der frühesten Babyzeit tatsächlich wieder auftraten. Sie fing wieder an das Bett zu nässen, die Sprache entwickelte sich zurück, so dass das Kind oft ins Lallen verfiel, ja, es nahm sogar die embryonale Haltung wieder ein. Das war wirklich grauenhaft. Die Mutter war so besorgt und verängstigt, dass sie sofort mit ihrer Tochter nach Süddeutschland zurückfuhr und das Kind wieder in den Normalzustand zurückversetzen ließ.

Nach all diesen Irrwegen hatte die Mutter Gott sei Dank erkannt, dass nur einer ihnen helfen konnte – Jesus Christus. Sie hatte ihn inzwischen als ihren Herrn angenommen und vertraute ihm, so dass wir jetzt gemeinsam zu ihm beten konnten. Zuerst stellten wir uns alle, die wir hier versammelt waren, sowie unsere Angehörigen unter den Schutz des Blutes Jesu und geboten in seinem Namen allen Mächten der Finsternis, von uns zu weichen. Danach banden wir im Namen Jesu alles Widergöttliche, das durch die holländische Geistheilerin in Renate eingedrungen sein konnte. Und sie und ihre Mutter sagten sich von allem los, so dass wir diesen Mächten im Namen Jesu geboten, jetzt endgültig zu verschwinden.

Genauso verfuhren wir mit allen Einflüssen, die durch die Rückverwandlung in die Embryozeit in Renate Raum gewonnen hatten. Und Jesus war spürbar gegenwärtig. Dieses Kind ist wirklich frei geworden. Danach baten wir Jesus, allen Mangel, den Renate bei ihrer Geburt erlitten hatte, auszufüllen. Gott hat uns ja im Psalm 23 zugesagt, dass uns nichts mangeln wird.

Also beteten wir für die Gehirnströme und die Gehirnwellen und die Durchblutung des Gehirns und baten Jesus, die Motorik wieder vollständig herzustellen, die Muskeln und Gelenke zu stärken, die Bänder und Sehnen wieder elastisch zu machen. Wir waren ganz sicher, unser Herr würde eingreifen, so dass wir ihm schon jetzt von ganzem Herzen dankten.

Ja, er hat Großes an ihr getan. Die Veränderung war überwältigend. Fröhlich lachend zog sie davon und winkte uns noch strahlend zu: «Ich komme bald wieder.»

Doch stattdessen kam drei Wochen später ein Brief von Frau O. Sie schrieb: «Halleluja, ich bin dankbar und erfüllt von dem, was Gott an den Kindern getan hat.»

Bei beiden Mädchen verschwanden innerhalb weniger Tage alle allergischen Symptome, und bei Renate verschwand das Ekzem am Hinterkopf. Sie ist geheilt. Gute Fortschritte macht Renate auch mit dem Laufen. Sie ist sehr viel mobiler geworden und läuft mehr und ausdauernder als je zuvor. Ihre Schritte sind kraftvoll geworden. Am liebsten möchte sie hüpfen und springen wie andere Kinder auch. Ja, unser Herr tut immer noch Wunder über Wunder. Was haben wir für einen großen Gott.

Danke, Herr!

Und dieser große Gott hat uns kleinen Menschenkindern die Chance gegeben, zu ihm zu beten. Ja, er wartet sogar auf unser Gebet. Und ich denke, dieses liebende Angebot wird viel zu wenig in Anspruch genommen. Stattdessen haben wir Gott klein gemacht und ihn beiseite geschoben. Und manchmal sind wir sogar noch der Meinung, wir wüssten auch ohne ihn, was wir zu tun und zu lassen haben. Dabei ist der Herr immer gegenwärtig. Mir ist in dem Zusammenhang der 18. Vers aus Psalm 145 sehr wichtig geworden: «Der Herr ist nahe allen, die ihn anrufen, allen, die ihn ernstlich anrufen.»

Das ist unsere Gewissheit. Er hört, und er hilft so gerne. Lernen wir es doch immer mehr, mit allem, was uns belastet, gleich zum Herrn zu gehen!

Hätte das doch auch Astrid beherzigt, eine Deutsch-Dänin. Ihr wäre ein langer Leidensweg erspart geblieben. Sie lebt seit etlichen Jahren in Amerika, besuchte aber im März 1999 ihre Mutter in Dänemark. Dort fand sie eines meiner Bücher auf dem Tisch liegen und war so fasziniert davon, dass sie unbedingt mit mir beten wollte. Eigentlich hatte sie vorgehabt, zu einem Geistheiler nach Husum zu fahren. Nun aber beschloss sie, weiterzufahren und hierher zu kommen. Und sie erzählte ihre Geschichte.

Als Kind litt sie unter Akne, und es muss schon sehr schlimm gewesen sein, denn daraufhin bekam sie ständig Antibiotika. Sechs Jahre lang. Man stelle sich das nur einmal vor. Da ist es doch nur zu verständlich, dass der Darm diese starke medikamentöse Behandlung nicht mehr verkraftete. Sie dauerte einfach zu lange. Ja, die Folge war, dass der Darm sich entzündete, und sie musste operiert werden.

Dabei geschah es leider, dass ein Stück des Darms an der Bauchdecke festgenäht wurde. Dadurch kränkelte sie ständig, aß nur sehr wenig und auch nur vegetarisch. Irgendwann wog sie noch fünfzig Kilogramm bei einer Größe von 1,84 m.

Ihr ganzes Sehnen galt Amerika. Dort wollte sie leben! Das war ihr größter Wunsch und das Ziel ihres Lebens. Also wanderte sie im Alter von 25 Jahren aus. Sie lebte sich dort schnell ein und fühlte sich sehr wohl. Eines Tages saß sie mit einer Freundin in einem Café, und die beiden jungen Frauen unterhielten sich angeregt über ein Buch zum Thema geistliche Prophetie.

Als sie das Café verließen, sprach sie ein Schwarzer an. Er hatte dieses Buch auch gelesen. So kamen sie schnell in ein Gespräch. Es bahnte sich zwischen ihnen eine Beziehung an, und bald waren beide sehr eng befreundet, so dass Astrid überzeugt war, er sei der rechte Mann für sie.

Diese Beziehung dauerte etwa ein Jahr, allerdings infizierte sie dieser Mann mit einem Virus, mit dem – wie sie sagt – sehr viele Amerikaner befallen sind. Bei einem normalen, gesunden Menschen mit einem intakten Immunsystem soll dieses Virus nicht schaden, sagt man, und der Körper wird normalerweise von selbst damit fertig.

Doch bei Astrids angeschlagenem Immunsystem war dieses Virus die absolute Katastrophe. Im Intimbereich bildeten sich bei ihr Ekzeme und Entzündungen. Sie wurde operiert, doch die Krankheit war nicht besiegt, das Virus wütete weiter. Immer wieder brach die Krankheit aus. Bald wurden krebsähnliche Veränderungen im Genitalbereich festgestellt. Das Virus wanderte durch den ganzen Körper. Es handelt sich dabei nicht um Aids, sondern um eine Art Geschlechtskrankheit.

Nach etwa einem Jahr hatten sich die beiden jungen Menschen auseinander gelebt, und die Beziehung löste sich auf. Da lernte Astrid ihren jetzigen Mann kennen. Sie erzählte ihm von dieser Krankheit, doch er stand zu ihr, und 1998 heirateten sie. Bald nach der Hochzeit hatte sie jedoch einen schweren Autounfall, bei dem ihr rechter Arm vom Handgelenk bis zum Ellenbogen fast ganz aufgerissen wurde. Sie erlitt schwere Sehnen- und Nerven-Verletzungen, so dass die Ärzte meinten, sie würde mit der rechten Hand nie wieder richtig fühlen können. Lange Wochen lag sie dort im Krankenhaus. Zuerst in einer Art Trancezustand, in dem sie das Empfinden hatte, dass ein Mann bei ihr am Bett stünde und ihr immer zuriefe: «Ich bin bei dir, du brauchst keine Angst zu haben. Du brauchst dich nicht zu fürchten. Ich lasse dich nicht.»

Sie hat immer «Jesus!» gerufen und ist noch heute überzeugt, es sei Jesus gewesen, der sie da am Krankenbett getröstet und wieder aufgerichtet und geheilt hat. Viele Wochen lag sie in dieser Klinik, und was keiner zu hoffen gewagt hatte, traf ein: Sie wurde wieder gesund. Sie kann heute den Arm auch wieder bewegen und die Hand wie eh und je gebrauchen. Was war das für ein schwerer Anfang in einer so jungen Ehe. Doch ihr Mann hielt die ganze Zeit treu zu ihr, und sie führen noch heute eine sehr glückliche Ehe.

Als sie jetzt bei ihrer Mutter in Dänemark mein Buch gelesen hatte, war ihr bewusst geworden, dass sie während der Zeit ihrer Krankheit von vielen anderen Heilmethoden Hilfe erhofft hatte. So hatte sie gependelt, sich besprechen lassen, an Yoga-Sitzungen teilgenommen und sich sehr intensiv mit esoterischen Praktiken beschäftigt. «Da muss ich raus!» Das war ihr großes Verlangen.

«Ich weiß, nur Jesus kann mich heilen. Und fast hätte ich jetzt wieder einen falschen Weg eingeschlagen. Danke, dass der Herr mich davor bewahrt hat. Bitte, lassen Sie uns beten, dass Jesus mich frei macht. Er soll mein Herr sein. Ich will mein Leben in seine Hand geben. Bitte, Frau Anton, lassen Sie uns jetzt beten.»

Und so banden wir im Namen Jesu all diese Mächte, denen sie vertraut hatte, und sie sagte sich los von den Mächten des Pendelns und des Besprechens und bat Jesus um Vergebung, weil sie während ihrer Yoga-Übungen andere Götter angebetet hatte.

Ja, es war ein langes, intensives Gebet, aber Jesus hat sie von diesen Mächten befreit und hat ihr vergeben. Das durften wir ihr zusagen. Tränen der Freude und Befreiung liefen ihr über das Gesicht. Ja, sie spürte die große Veränderung in ihrem Inneren. Mit Freuden ließ sie ihr altes Leben los, legte es Jesus ans Kreuz und nahm ihn als ihren Herrn an. Danach baten wir Jesus, sie von diesem Virus, das schon so lange in ihrem Körper wütete, zu befreien. Er alleine kann dieses Virus doch unschädlich machen. Er schaut ins Verborgene, er kann es abtöten. Wir waren sicher, er würde sie befreien. Und wir beteten weiter, dass Jesus auch dieses Ekzem endlich ganz ausheilen, die krebsähnlichen Geschwüre wegnehmen und Astrid ganz gesund machen würde. Wir wussten ganz gewiss, er wird eingreifen.

Und so verabschiedete sich Astrid doch sehr glücklich und befreit. Ja, sie ist ein neuer Mensch geworden. Man sah es ihr an.

Nach einigen Wochen kam eine Postkarte aus Amerika. Voller Freude berichtete Astrid, es ginge ihr sehr gut. Wir konnten unserem großen Gott nur danken.

Seitdem sind zwei Jahre vergangen. Wir schreiben das Jahr 2001. Vor einigen Wochen bekam ich einen Anruf von einer überglücklichen Astrid. Sie ist kerngesund. Jesus hat sie geheilt. Das Virus ist nie mehr aufgetreten. Es ist tot, vernichtet. Und das Ekzem und die krebsartigen Geschwüre hat unser Herr ebenfalls geheilt. Sie ist ganz gesund.

Oh, was haben wir für einen Gott!

In tiefer Demut und Dankbarkeit kann ich mich nur vor ihm beugen. Er ist wirklich der beste Arzt, und es ist wunderbar, wie er auch durch unsere Ärzte wirkt. Ich bin dankbar, dass wir oft in der Verbindung mit ihnen im Gebet das Eingreifen unseres Herrn erleben dürfen.

Wie groß ist Gottes Liebe zu uns. Er will doch nur, dass allen Menschen geholfen wird, dass alle errettet werden. Er ist immer da! Das hat er uns fest zugesagt. Deshalb wünsche ich so sehr, dass dieses kleine Büchlein dazu dienen möchte, uns Mut zu machen, mit allen Sorgen, den kleinen wie den großen, sofort zu unserem Herrn zu gehen. Er weiß immer Rat. Er nimmt unsere Zweifel weg und hilft uns auch beim Tragen, wenn uns die Last zu schwer wird. Ja, er lässt uns nie allein. Er wartet auch auf Ihr Gebet. Rufen Sie ihn an!

Von derselben Autorin weiterhin lieferbar:

BESTSELLER

Helga Anton

Beten wirkt Wunder

Taschenbuch, 144 Seiten
Best.-Nr. 113.623

Helga Anton, «hauptberufliche Beterin», erzählt in ihrem ersten Buch (das zum Bestseller wurde), wie sie in ihrer Kirchengemeinde in Itzehoe zu dieser außergewöhnlichen Berufung gekommen ist und was sie seither im Gebetsdienst erlebt hat. Mit großer Ehrlichkeit berichtet sie von Siegen und Niederlagen, von menschlichen Schicksalen, aber auch von Freudentagen, an denen Gebete Wunder wirken.

Helga Anton ermutigt Christen zum Beten, glauben diese doch an einen Gott, der Gebet erhört – nicht immer unseren Wünschen entsprechend, aber immer gut und heilsam.

Brunnen Verlag · Basel und Gießen